O Castelo dos Sonhos

O Castelo dos Sonhos

8-09-22-100-46.650

Coordenação editorial: **Ronaldo A. Sperdutti**
Capa: **Flávio Machado**
Diagramação: **Ricardo Brito**
Revisão: **Maria Aiko Nishijima e Luiz Chamadoira**
Auxiliar de revisão: **Adriana Maria Cláudio**
Impressão: **Renovagraf**

Dados Internacionais de Catalogação na Publicação (CIP)
(Câmara Brasileira do Livro, SP, Brasil)

Carlos, Antônio (Espírito).
O castelo dos sonhos / romance do Espírito Antônio Carlos ; psicografado pela médium Vera Lúcia Marinzeck de Carvalho. – 1. ed. – São Paulo : Petit, 2007.

ISBN 978-85-7253-157-3

1. Espiritismo 2. Psicografia 3. Romance espírita I. Carvalho, Vera Lúcia Marinzeck de II. Título.

07-7104 CDD: 133.93

Índices para catálogo sistemático:
1. Romances espíritas psicografados : Espiritismo 133.93

Impresso no Brasil.

Prezado leitor(a),

Caso encontre neste livro alguma parte que acredita que vai interessar ou mesmo ajudar outras pessoas e decida distribuí-la por meio da internet ou outro meio, nunca deixe de mencionar a fonte, pois assim estará preservando os direitos do autor e conseqüentemente contribuindo para uma ótima divulgação do livro.

O Castelo dos Sonhos

Romance do Espírito

Antônio Carlos

Psicografado por

Vera Lúcia Marinzeck de Carvalho

petit editora

Av. Porto Ferreira, 1031 - Parque Iracema
CEP 15809-020 - Catanduva-SP
17 3531.4444

www.petit.com.br | petit@petit.com.br
www.boanova.net | boanova@boanova.net

Livros da médium
VERA LÚCIA MARINZECK DE CARVALHO

Com o Espírito Antônio Carlos

- *Reconciliação*
- *Cativos e Libertos*
- *Copos que Andam*
- *Filho Adotivo*
- *Reparando Erros de Vidas Passadas*
- *A Mansão da Pedra Torta*
- *Palco das Encarnações*
- *Histórias Maravilhosas da Espiritualidade*
- *Muitos São os Chamados*
- *Reflexos do Passado*
- *Aqueles Que Amam0*
- *Novamente Juntos*
- *A Casa do Penhasco*
- *O Mistério do Sobrado*
- *O Último Jantar*
- *O Jardim das Rosas*
- *O Sonâmbulo*
- *O Céu Pode Esperar*
- *Por Que Comigo?*
- *A Gruta das Orquídeas*
- *O Castelo dos Sonhos*
- *O Ateu*
- *O Enigma da Fazenda*
- *O Cravo na Lapela*
- *A Casa do Bosque*
- *Entrevistas com os Espíritos*
- *O caminho das estrelas*

Com o Espírito Patrícia

- *Violetas na Janela*
- *A Casa do Escritor*
- *O Voo da Gaivota*
- *Vivendo no Mundo dos Espíritos*

Com o Espírito Rosângela

- *O Difícil Caminho das Drogas*
- *Flores de Maria*

Com o Espírito Jussara

- *Cabocla*
- *Sonhos de Liberdade*

Com espíritos diversos

- *O Que Encontrei do Outro Lado da Vida*
- *Deficiente Mental: Por Que Fui Um?*
- *Morri! E Agora?*
- *Ah, Se Eu Pudesse Voltar no Tempo!*
- *Somente uma Lembrança*

Livros em outros idiomas

- *Violets on the Window*
- *Violetas en la Ventana*
- *Violoj sur Fenestro*

SUMÁRIO

CAPÍTULO UM

O CASTELO DOS SONHOS

– SILAS! SILAS! – GRITOU MARIA, ANDANDO APRESsada pela trilha que levava ao açude.

– Estou aqui, Maria – respondeu um garoto de treze anos saindo de trás de uma moita de capim alto.

– O que está fazendo aí, menino? – Maria perguntou olhando-o. – Está brincando de príncipe?

– Não sou príncipe, nem quero ser – respondeu Silas determinado.

– Mas brinca com o castelo.

– Este é o grande lago – apontou o menino para as águas represadas – onde existem peixes coloridos e se passeia de barcos. O castelo é enorme, tem muitos cômodos e duas torres altas.

Maria olhou para a casa e sorriu, era muito grande mesmo, possuía vários quartos, várias salas e uma cozinha espaçosa.

Tinha duas chaminés, uma da lareira e outra do fogão da cozinha. E não existia lago ou barcos, mas sim um pequeno reservatório d´água.

– As duas torres – exclamou Maria – são lindas!

– São mesmo! De cima se pode ver toda a região – exclamou o garoto suspirando com o olhar sonhador.

Com uma vara, Silas imaginava que pescava. Maria o observou:

"É difícil acreditar que Silas seja filho do senhor João e da dona Violeta. Mas foi minha mãe que fez o parto e eu fiquei no quarto ao seu lado ajudando-a. E ele é filho deles mesmo, sem nenhuma dúvida. Mas que ele é diferente, isso é! Silas é alegre e sonhador!"

Silas também observou Maria e pensou:

"Maria é tão boa! Queria que ela fosse minha mãe!"

Maria era uma das empregadas da casa, uma babá, pois cuidava mais das crianças. Embora jovem, tinha trinta e dois anos, era considerada uma senhora solteirona. Era graciosa, educada e bonita. Quando sorria, formavam-se duas covinhas no rosto; seus olhos eram castanhos, assim como os cabelos, que eram longos e ela usava presos numa trança.

– No seu castelo existem dragões? – perguntou Maria.

– Claro que não! – respondeu o menino. – No meu castelo somente moram pessoas boas que querem a paz e que respeitam os animais. Será que dragão é do mal?

– Não sei. Mas nas histórias eles sempre destroem, queimam com o fogo que soltam pela boca.

– No meu castelo, então, não tem dragão. Lá ninguém destrói nada. Pena que aqui não existem flores! Com canteiros floridos, ia ficar mais parecido com meu castelo.

– Temos o jardim na frente da casa – falou Maria. – Aqui, as ovelhas vêm tomar água e comeriam todas as flores que plantássemos.

– Gostaria muito que tivéssemos aqui na fazenda canteiros com flores coloridas: azuis, verdes, rosa, amarelas e vermelhas.

– Ora, flores assim não existem, acho que você viu nos livros que lê.

– As gravuras não são coloridas. Também não as vi, mas elas devem existir.

– Silas – disse Maria –, seu pai o está chamando, quer que você vá fiscalizar os peões que foram levar as ovelhas para o pasto.

– Então vamos! – respondeu Silas.

O menino largou a vara e voltou para casa com Maria. Silas era diferente, nascera deficiente. Era corcunda, de estatura pequena para sua idade; tinha uma perna, a esquerda, mais fina e alguns centímetros mais curta. Seus cabelos eram ruivos e ralos. Seus traços eram desarmoniosos: lábios grandes com os dentes salientes, sobrancelhas grossas, olhos pequenos e nariz achatado. Sobressaíam-lhe as mãos grandes. Era, porém, uma criança meiga, amiga de todos, obediente, inteligente e estudiosa.

A família, pessoas importantes na região, morava na fazenda. O pai dele, João, diversificava na produção: criava ovelhas e fazia diversos cultivos. A fazenda ficava longe da cidade e os vizinhos também não eram próximos. Os empregados moravam ali, numa seqüência de casinhas distantes um quilômetro da casa-sede. Violeta, a mãe de Silas, quis que os filhos fossem instruídos. Para isso, contratou um professor que ia à fazenda dois dias por semana. Ali, pernoitava uma noite e ensinava as crianças. Silas ficava ao lado do professor o tempo todo em que ele permanecia na fazenda. Era o mais aplicado, sabia mais que seu irmão mais velho, Felipe, e ajudava o mestre nas lições com os mais novos. Lia muito e por isso adquiria muito conhecimento. Era um sonhador, como Maria bem o definia.

Os dois chegaram a casa e o senhor João, ao ver o filho, pediu:

– Silas, vá verificar se os peões estão separando certo as ovelhas, depois volte aqui que quero lhe ensinar como pagá-los.

O menino foi contente fazer o que o pai ordenou. Nunca se aborrecia ou reclamava. Embora jovem, sabia administrar a fazenda. Depois de ter feito tudo, pago os empregados, os peões que não moravam na fazenda e vinham da cidade quando solicitados para fazerem trabalhos extras, Silas entrou na casa. Viu Felipe se arrumando em frente a um espelho.

"Felipe é bonito!", pensou Silas, sentindo admiração do irmão.

Silas tinha quatro irmãos, dois mais velhos que ele e dois mais jovens. Felipe era o primogênito, com quase dezoito anos; alto, forte, bonito, estudava, porque era obrigado, e não gostava de morar na fazenda. Queria residir numa cidade.

– Olá, Silas! – cumprimentou Felipe. – O que você acha desta roupa? Fica bem em mim?

Dona Violeta, sempre que precisava, contratava o serviço de duas costureiras que iam à fazenda e ali permaneciam para costurar roupas para a família. Elas estavam ali fazia dias costurando; Felipe experimentava suas roupas novas.

– Fica sim – respondeu. – São muito bonitas e você está muito bem.

– Espero que uma das filhas do senhor Manoel também ache. Quero causar uma boa impressão. Se umas delas se apaixonar por mim, caso e me mudo para lá.

– Papai quer você na fazenda – argumentou Silas.

– Ora, não nasci para ser fazendeiro, quero a agitação da cidade. Se uma das filhas do senhor Manoel se interessar por mim, serei o homem mais feliz do mundo.

Felipe, nos últimos dias, só falava na viagem que iam fazer e na possibilidade de ficar morando na cidade.

O senhor João era amigo do senhor Manoel desde a infância. Quando o pai de Silas se casou com Violeta, foram morar na fazenda, que ela herdara de uma tia. Gostaram do lugar, construíram a casa, ampliaram-na e não cogitavam mudar. Embora distantes, pois a cidade em que o senhor Manoel morava era longe dali, continuavam amigos, se correspondiam e se visitavam.

– Faz três anos que o senhor Manoel veio aqui em casa, e as filhas dele não eram bonitas – comentou Silas.

– Eram meninotas e nessa fase são desengonçadas. Agora, moças, devem estar bonitas. Mas isso não tem importância.

– Você casaria com alguém somente para não morar na fazenda? Não o entendo, aqui é tão agradável!

– Gostos são diferentes. Não me critique! Não o faço por você gostar daqui – respondeu Felipe.

– Desculpe-me! Se você ficar na cidade, vou sentir sua falta.

– Não vou ficar desta vez – respondeu Felipe. – Se tudo der certo, ficarei noivo e voltarei para o casamento, que deverá ser marcado. O senhor Manoel tem somente filhas e irá gostar de ter um genro filho do seu melhor amigo para trabalhar com ele no seu comércio de exportação.

– Você já falou ao nosso pai sobre isso? – perguntou Silas. – O objetivo da viagem é levar Marta para conhecer o noivo, filho de um primo do papai.

– Já falei, ele me disse que sou jovem para casar, mas não colocou objeções. Falou que ficará contente se eu namorar uma das filhas de seu amigo. Pena que você não vai. Não conhece a cidade nem o mar.

– Vou cuidar da fazenda – respondeu Silas. – Assim papai viajará sossegado.

– Silas, você não parece ter somente treze anos. Pensa e age como um adulto! Que bom que queira ficar.

Silas sorriu contente por receber um elogio de Felipe. Ele não se sentia discriminado. Embora os irmãos, principalmente os dois garotos mais novos, que eram muito levados, chamassem-no de feio ou aleijado, ele compreendia e não ligava. Quando o pai escutava os meninos sendo indelicados com ele, eram repreendidos, iam para o quarto de castigo e ali ficavam por horas. Silas nunca reclamava deles para o pai. Realmente, não se importava nem com as críticas dos irmãos, nem com a curiosidade das pessoas quando o viam e nem com os risos da meninada, filhos dos empregados.

Mas a família tentava escondê-lo. Todas as vezes que viajavam, iam todos, o pai, a mãe e os quatros filhos e sempre arrumavam uma desculpa para ele não ir: que estava doente, que a viagem era longa e ele sentiria dores nas costas. Mas Silas não sentia dores, cavalgava pela fazenda e trabalhava. Na sua inocência, achava que os pais, principalmente a mãe, preocupavam-se com ele. O fato é que todos sentiam vergonha por ele ser como era e preferiam evitar o constrangimento que a presença dele causava às pessoas.

Era a mãe que mais se envergonhava. Tentava ser a mesma com todos os filhos, isso em casa, na fazenda. Não queria que as pessoas, principalmente as que a conheciam, a vissem com aquele filho deformado. Violeta era muito bonita e gostava de apresentar aos outros os quatro filhos, todos lindos. Ela não conseguia entender por que Silas, seu terceiro filho, nascera daquele modo: feio e deficiente físico. O pai o aceitava e o admirava por ser inteligente e trabalhador.

Iam viajar, passar três meses na casa do senhor Manoel para acertar o casamento de Marta. E, se desse certo, Felipe, embora muito jovem, também voltaria noivo de uma das filhas do casal amigo. João reconhecia que a fazenda não oferecia atrativos para os jovens.

Felipe colocou outro casaco e perguntou ao irmão:

– E este é bonito?

– É sim, você conquistará uma delas! – afirmou Silas.

– Tomara! Quero morar na cidade!

Silas estava muito sujo, foi se banhar e depois jantar. No jantar, somente falavam da viagem. O menino participou da conversa, gostava de ver todos felizes. Estava contente por seu pai lhe confiar a fazenda.

– Silas – disse João, o pai –, se precisar de alguma informação, é só verificar meus apontamentos na caderneta. Creio que já deixei tudo acertado. Vou ensiná-lo a abrir o cofre. Se precisar de mais dinheiro, pegue, mas marque tudo.

– Isaías irá conosco, mas Maria ficará e tomará conta de você. Não se esqueça de se alimentar direito. Preocupo-me com você – disse a mãe.

– Não precisa se preocupar, mamãe. Vou me alimentar direitinho e cuidarei de tudo.

– Como você é um bom menino! – exclamou Violeta, que se levantou e depois beijou o rosto de Silas.

O garoto sorriu feliz. Queria viajar com a família, conhecer a cidade grande e o mar. Mas teria de ficar para cuidar da fazenda. Amava-os muito e não queria constrangê-los. Quando os pais recebiam visitas, estas o observavam, ora com sorrisos estranhos, ora com piedade. Silas entendia que a mãe se aborrecia com a curiosidade das pessoas em relação a ele. E aquela viagem era importante. Iam acertar o casamento de Marta, que, com quinze anos, deveria casar e se mudar para a casa do marido. Ele participava da euforia dos preparativos da viagem e o pai estava sempre lhe recomendando algo.

Maria, que morava na casa-sede, também ouviu muitas recomendações. As outras duas empregadas eram mulheres de empregados da fazenda e moravam nas casas destinadas aos empregados. Vendo Marta, a irmã, nervosa, Silas foi tentar acalmá-la.

– Irmãzinha, não se aflija, papai disse que, se você não gostar dele, não a obrigará a casar.

– E você, acredita nisso? É um ingênuo! Acredita em tudo! É uma criança! – respondeu a irmã, irritada.

– Não sou criança! Tanto que papai me deixou para cuidar da fazenda.

– É um ingênuo mesmo! – exclamou Marta. – A fazenda poderia ficar sob a responsabilidade dos empregados, principalmente de Isaías, que é um bom administrador. Papai levará Isaías para que ele o ajude a comprar mais ovelhas. Você não irá conosco para não causar má impressão à família do meu noivo, para eles não acharem que eu posso ter um filho como você!

Marta começou a chorar, Silas a abraçou.

– Não chore, Marta. Seu noivo é bonito e disseram que é gentil.

– Desculpe-me, Silas. Mas acho um absurdo papai acertar o meu noivado. Ele tem vinte e cinco anos, é um velho!

– Rapazes casam normalmente nessa idade. Você vai gostar dele.

– Não quero ir! Queria ficar com você! – falou Marta em tom queixoso.

Silas fez uma prece pedindo a Deus para que o noivo da irmã fosse de fato uma boa pessoa. Se tudo desse certo, Marta não voltaria com eles, casaria e ficaria com o marido, que também era fazendeiro. Iriam residir na fazenda dele, que não era distante da cidade em que o senhor Manoel morava.

Naquela noite, Silas ficou pensando no que a irmã disse:

"Acho que Marta tem razão. Meus pais não querem que as pessoas me vejam. Por que será que nasci tão diferente assim? As pessoas me acham feio. Sou um aleijado."

Mas não quis ficar triste. Se todos estavam alegres, ele também deveria estar. Marta estava nervosa, mas ele sabia que sua irmã estava contente. Recebera uma foto do noivo, achou-o bonito e tiveram informação de que ele era uma boa pessoa, educada, gentil e que, por foto, achara Marta linda. E sua irmã era realmente muito bonita: loura, olhos azuis e faces rosadas.

Orou. Sentia muita tranqüilidade orando e quando acabava a prece costumava mandar um beijo para Jesus. Um ato inocente, cheio de amor e carinho para com o Mestre Nazareno. Às vezes, pensava:

"Com um beijo Jesus foi traído, nunca quero traí-lo, beijo-o para dizer que o amo."

E esse ato, com certeza, era uma sublime oração. Uma manifestação de amor.

Dormiu e sonhou. Seu espírito, afastado do corpo físico, saiu e foi se encontrar com um amigo querido, seu instrutor, de quem recebia orientações. Foi a uma colônia, cidade espiritual, onde fora morador antes de reencarnar. Ali as pessoas o saudaram e ele respondeu aos cumprimentos alegre e sorrindo.

Sentou-se num banco e olhou a paisagem à sua frente: um lindo lago de águas claras e brilhantes.

– *Água!* – exclamou ele com contentamento. – *Fonte de vida! Como é bom usufruir dela! Seja sempre benéfica!*

Virou-se e viu o seu castelo. Sabia que era uma construção enorme, onde existiam vários departamentos e lá estavam as duas "torres" – locais de observação –, dois prédios mais altos.

– *Como é lindo! É o meu castelo dos sonhos!*

– *Silas!*

Olhou para o senhor que o chamou. Era Gabriel. Conhecia-o sem entender como nem de onde. Abraçaram-se. Silas sentiu-se adulto, parecia ter outro aspecto, mas isso não importava. Ele era, ali no seu castelo, um ser, um espírito, uma alma querendo aprender.

– *Isso é um castelo? Por que estou aqui? Por que sonho?* – perguntou Silas.

– *Este lugar é um oásis de bênçãos, onde por algum tempo nossa alma estagia para angariar forças para a caminhada. Não o chamamos de castelo, é uma construção que serve de abrigo a nós que fizemos um propósito de ser útil. É um refrigério para aqueles que imprudentemente quiseram ser servidos e que agiram erroneamente. Você, Silas, está aqui porque orou com sinceridade antes de dormir, vibrou com carinho se afinando com a harmonia deste local.*

Agindo assim, você pôde ser transladado para cá, rever amigos, receber incentivos e recordar um pouquinho do que planejou fazer.

– *Gosto de rever este lugar, mas não preciso de forças, tudo está bem comigo.*

– *Silas, meu amigo, logo você terá de superar perdas e ser forte. Lembre-se de que o amor é a luz que ilumina nosso caminho. Confie e ore sempre!*

– *Farei isso!*

Silas-menino saiu a saltitar pelo gramado, encantado com aquele lugar que lhe parecia brilhar, as cores eram mais definidas, o aroma agradável, e havia canteiros com flores coloridas por todos os lados.

– *Queria morar aqui! Com certeza voltarei!* – exclamou.

Gabriel olhou-o com ternura, sorriu vendo seu discípulo contente indo de canteiro a canteiro acariciando as flores. Eduardo, um desencarnado jovem que o acompanhava e tinha escutado o diálogo do mestre Gabriel com Silas, indagou curioso:

– *A oração tem tanta força assim? O que Silas orou? Foram preces decoradas? Seu corpo físico é tão jovem! Ele sabe fazer preces espontâneas?*

Gabriel, com um sinal, convidou Eduardo a sentar-se e o elucidou:

– *Muito se tem recomendado orar antes de adormecer. E Jesus nos recomendou que orássemos sempre.*

– *Mas como orar sempre se temos de trabalhar e estudar?* – perguntou Eduardo querendo aprender.

– *A oração é um ato ou uma atitude?* – indagou Gabriel.

O jovem aluno pensou por um momento e, como não soube responder, seu professor esclareceu:

– Orar é uma atitude que se pode manifestar por atos, como ao proferirmos uma prece. Orar sempre é ter atitudes salutares, de amor, em todos os instantes de nossa vida. É necessário que criemos vibração benéfica, nos envolvamos nela e que vivamos no bem, tenhamos hábitos bons e evitemos os maus. E isso não nos impede de trabalhar e de estudar. Cumprindo nossas obrigações diárias com carinho, ânimo e disciplina, nos fortalecemos espiritualmente. A oração permanente que nos recomendou Jesus é que nos iluminemos interiormente. E se por atos fizermos preces, sejam elas repetitivas ou uma conversa espontânea com Deus, elas são fortalecidas por nossas atitudes. Quando as preces vêm de um ser purificado pelas boas ações, abrem um canal para a espiritualidade maior. Silas aprendeu aqui conosco a orar espontaneamente e, encarnado, aprendeu a fazer preces decoradas, e ele as faz das duas maneiras. E é pelos seus atos externos, a maneira como vive, sua verdadeira oração. Silas está provando que aprendeu a lição. É pela sua maneira de agir que seu espírito pode vir nos visitar enquanto repousa o sono benéfico. A oração alimenta nosso espírito. Entendeu?

Sim – respondeu Eduardo –, *quero seguir o exemplo que Silas nos está dando. Quero aprender!*

– Faça sempre o bem e manterá em si uma oração constante!

Gabriel deu por encerrada a conversa, aproximou-se de Silas e com muito carinho o levou de volta ao seu provisório lar terreno.

O garoto acordou com um raio de sol que passou por uma fresta da janela. Sorriu contente.

– O sonho de novo! Agradeço ao Senhor, meu Deus, por esse sonho maravilhoso!

E fez a sua oração, em que novamente misturou a sua espontânea com a decorada que lhe ensinaram no catecismo.

Dormia num quarto sozinho. Somente os dois irmãos mais novos, por serem pequenos, dormiam no mesmo aposento. Mas assim que Marta casasse, eles ficariam cada um num quarto.

Levantou-se disposto e foi tomar seu desjejum. Seria naquele dia a última aula do professor. Depois ele somente voltaria quando a família regressasse da viagem. O senhor que os ensinava levou para ele alguns livros que seu pai mandara comprar. Teria muito para ler. Esse presente lhe agradou demais, gostava muito de viajar com as leituras e sonhava que vivia como os personagens.

Quatro dias passaram agitados. Silas escutou novamente as muitas recomendações. Todos estavam eufóricos com os preparativos.

Silas, disposto e contente, ajudou todos os familiares.

CAPÍTULO DOIS

UM RETORNO DIFERENTE

NO DIA MARCADO PARA A VIAGEM, TODOS ACORdaram de madrugada. Viajariam em duas carruagens com quatro cavalos cada e quatro empregados os acompanhariam. João escolhera Isaías e seus dois filhos, que eram jovens, fortes e espertos e um outro funcionário, Onofre. Isaías era um empregado de muito tempo, pessoa de confiança do pai de Silas. Ele ficara viúvo fazia dois anos e tinha quatro filhos: duas mulheres, que estavam casadas, e os dois moços que viajariam com ele. Sua filha mais velha mudara-se com o marido para muito longe, para outro continente e havia anos que eles não recebiam notícias dela. A segunda casara com um empregado do senhor Manoel, e os três – pai e os dois filhos – estavam muito contentes porque iam revê-la e conhecer seus dois filhos. Foi na última visita que a família de Manoel fez à fazenda que os dois se conheceram e, depois de um breve namoro, casaram e estavam bem.

Todos os moradores da fazenda foram se despedir. A mulher de Onofre, Tereza, chorou muito; eles tinham quatro filhos pequenos. Depois de muita falação, recomendações, os irmãos despediram-se de Silas com abraços. O pai o abraçou com carinho.

– Fique bem, meu filho, e cuide de tudo. Logo voltaremos!

A mãe, Violeta, o abraçou. Sempre que o fazia era com cuidado, tinha a impressão de que machucaria suas costas inteiramente tortas e beijou suas faces.

Partiram. Silas com os outros ficaram acenando. Quando as carruagens se afastaram, o grupo se dispersou. Silas subiu com dificuldade numa árvore e pôde assim ver os viajantes até que desapareceram numa curva. Somente desceu quando não viu mais a poeira. Ajoelhou-se no chão para orar, porém sua perna doeu.

"Para orar", pensou, "devo me sentir confortável".

Sentou-se num banquinho e orou pedindo a Deus que protegesse seus familiares. Entrou em casa, tinha pouco que fazer, o pai deixara tudo organizado. Sentiu-se sozinho e esforçou-se para não ficar triste. Foi ler.

Os dias passavam tranqüilos. Ele ia ver as ovelhas, verificava as plantações, tomava as refeições sozinho naquela mesa enorme. Sentia falta da gritaria dos irmãos menores, dos choramingos de Marta, de conversar com Felipe e sentia muita falta dos pais.

Maria lhe fazia companhia. Ele aproveitou para ler bastante; ia também ao açude, porém ali já não lhe parecia mais o seu castelo, era sua casa onde estava sozinho. Imaginava todos felizes. Marta apaixonada e contente com o casamento, Felipe conquistando uma das filhas do senhor Manoel. Com certeza, os dois não voltariam, ficariam por lá, casados. Mas, sem entender o porquê, sentia algo apertando o peito, um pressentimento ruim.

"Será saudade? Estarei assim, ansioso, porque estou sozinho? É isso! Estou saudoso!"

Lembrava do abraço do pai, dos beijos da mãe e tentava se tranqüilizar. Mas estava sendo difícil, estava triste e esse sentimento lhe doía no peito. Orou muito e os dias passaram.

Dois meses e dezessete dias depois da partida, Silas acordou à noite com o barulho de uma carruagem aproximando-se da casa. Levantou-se, trocou-se o mais rápido que conseguiu e correu para a porta da entrada. Acendeu o lampião, abriu a porta e, da varanda, viu uma das carruagens da fazenda se aproximar. Sorriu, mas logo aquela inquietação que sentia fazia dias veio forte.

"Uma carruagem somente, e a essa hora! O que terá acontecido?" – pensou aflito.

Desceu as escadas e ficou aguardando onde com certeza a carruagem pararia. Um cocheiro desconhecido parou o veículo, desceu e aproximou-se de Silas, que o olhava sem conseguir definir o que sentia, se era medo ou preocupação.

– Senhor Silas, sou José, trabalho para o senhor Manoel e trago seu pai, o senhor João. Aconteceu uma desgraça e todos morreram.

Silas abriu a boca, mas não conseguiu falar. O cocheiro estava de cabeça baixa, levantou os olhos e, quando o viu, assustou-se e perguntou gaguejando:

– O senhor é o filho do senhor João? O Silas, que ficou na fazenda?

– Sou eu, sim. Não se assuste comigo, por favor, sou deficiente físico.

– O que você está falando? Repita! – ordenou Maria apavorada.

Ela também acordou assustada com o barulho e fora ver o que tinha acontecido. Aproximou-se de Silas e olhou para o cocheiro.

O condutor da carruagem lembrou então que já escutara que o filho do senhor João, que ficara na fazenda, era feio e doente. Falou tentando disfarçar seu susto.

– Menino Silas, trago seu pai convalescente e abatido. Uma desgraça se abateu na nobre casa do senhor Manoel, muitos ficaram doentes, uma terrível doença os matou. Infelizmente, morreram várias pessoas de sua família.

– Quem? – perguntou Silas esforçando-se para falar.

– Sua mãe, irmã e irmãos – respondeu o cocheiro falando devagar e baixo.

– Virgem Maria! – exclamou Maria desesperada.

Silas não sabia o que fazer, a porta da carruagem se abriu e viram um homem coberto com uma capa. Devagar, ele descobriu o rosto e fez um sinal com a mão sobre os lábios pedindo silêncio.

– Mas...! – exclamou Maria olhando-o.

Silas segurou com força o braço da empregada e gritou:

– Papai!

– Meu filho – disse o homem de dentro do veículo –, me ajude a ir para a cama, estou muito cansado.

– Claro! – falaram Maria e Silas juntos.

Ajudaram-no a descer, entraram na casa e o levaram para o quarto de casal. Deitaram-no no leito.

– Maria – pediu Silas –, cuide dele e vamos ficar quietos, depois ele nos explicará. Para todos, meu pai voltou. Vou agora cuidar do cocheiro. Não deixe ninguém entrar aqui.

Quando Silas voltou à varanda, muitos empregados já ali estavam e o cocheiro tentava explicar. Como muitos falavam junto, o menino gritou:

– Quietos! Vamos escutá-lo! Por favor, senhor, conte-nos o que aconteceu.

– Uma desgraça! – falou o cocheiro. – Uma doença terrível nos abalou. Veio com os homens num navio. O doente tem febre alta, muitas dores, falta de ar, não consegue levantar mais do leito e quase todos os que ficam enfermos morrem. Na casa do senhor Manoel, muitos ficaram doentes, senhores e criados. A menina Marta foi uma das primeiras a adoecer, então o noivo foi embora. Depois, foi a vez da senhora Violeta; as duas faleceram no mesmo dia e logo em seguida os dois garotos. Felipe foi o último a morrer.

– E os empregados do meu pai? Isaías e os filhos? – perguntou Silas.

– Os quatro morreram. O senhor Manoel, a esposa e três filhas também faleceram; ficaram duas filhas, pelo menos não adoeceram ainda. O senhor João, após enterrar todos, quis voltar, me pagou e eu o trouxe. Acho que ele não pegou a febre, mas com as perdas está muito abatido. Fizemos a viagem quase sem parar, os cavalos estão cansados. Trouxe a bagagem que ele separou, o resto ficou lá. Preciso descansar, pretendo regressar amanhã, deixei minha mãe enferma. Você arrumaria para mim um cavalo? Quero voltar rápido.

Silas chamou um empregado e ordenou:

– Leve-o para o quarto dos fundos, dê-lhe alimentos e depois pegue no pasto um bom cavalo e deixe-o preparado para que ele parta amanhã. – Virou-se para o cocheiro e pediu: – Vá descansar e agradeço-lhe por trazer meu pai.

O empregado levou o cocheiro. Os outros se dispersaram tristes e foram contar o ocorrido aos que permaneceram em suas casas. Silas entrou, sentou-se numa cadeira, colocou as mãos na cabeça. Sentiu uma profunda dor, como se se partisse ao meio, parecia que estava arrebentando, sem entretanto lhe doer o corpo. Era dor interna, do sentimento, com certeza a mais dolorida que há. Não conseguiu chorar. Balbuciou baixinho:

– Neste momento de dor, entrego meu coração amargurado ao Senhor, meu Deus. Se divido com o Senhor minhas alegrias, faço-o com meu sofrimento. Peço-lhe: me oriente a fazer o que for certo!

Levantou-se e, segurando o lampião, dirigiu-se ao aposento de seus pais. Maria estava chorando baixinho ao lado da cama.

– Como está ele? – perguntou Silas em tom baixo.

– Fiz com que tomasse um copo de leite e comesse um pedaço de bolo. Está dormindo!

– O que será que aconteceu? – indagou Silas.

– Ele somente falou que estava fazendo o que o senhor João lhe pedira – respondeu Maria.

– Meu pai também morreu?

– Sim!

– Estou sozinho! – entristeceu-se o garoto.

– Não, Silas – disse Maria –, você está comigo. Eu e ele cuidaremos de você. Amanhã ele nos contará tudo. E, para todos, seu pai voltou e está muito abalado. Vá dormir!

– Acho que vou ficar aqui. Não conseguirei dormir. Que vou fazer, Maria? Não consigo acreditar. Estou tendo um pesadelo?

Maria o abraçou e os dois choraram. Silas, chorando baixinho para não acordá-lo, exclamava suplicando:

– Não me desampare, meu Deus! Sustenta-me com a sua força! Ampare-me, por favor!

– Amém! – era o que Maria comovida conseguia dizer.

A empregada não sabia o que fazer para consolar o menino, que agora estava órfão, mas não sozinho, porque ela estaria sempre com ele.

– Prometo, juro por Deus que vou cuidar de você!

Maria prometeu a si mesma cuidar daquele menino que amava como se fosse um parente e, acariciando seus cabelos, pensou:

"Nunca vi uma criança tão madura assim. Silas parece um adulto! Que menino de ouro! Feio por fora, mas lindo por dentro. Amanhã ele nos contará tudo" – Olhou para o homem deitado no leito e que dormia.

Silas sentou-se numa poltrona, chorou muito e, cansado, acabou dormindo.

Gabriel foi visitar e consolar seu antigo discípulo. Eduardo o acompanhou e estava comovido com o sofrimento que se abatera naquele lar.

– *Como ele está sofrendo! Estou com dó dele!* – exclamou vendo-o adormecido na poltrona.

– *Eduardo, por favor, não crie em você sentimentos inúteis!*

Eduardo olhou confuso para seu professor. Com certeza não queria prejudicar, mas aprender a ajudar. Gabriel colocou a mão no seu ombro e elucidou-o:

– *Devemos ter sempre compaixão e misericórdia para com todos porque ainda necessitamos que outros tenham esses sentimentos por nós. Entretanto, tudo o que sentimos deve ser acompanhado, fortalecido por atos. Repare em você: ao se apiedar dele, criou uma energia de tristeza. Se Silas for receptivo, aumentará sua dor e será perigoso se envolver-se na autopiedade, que somente o prejudicará. Quando temos contato com uma pessoa que sofre e queremos ajudar, devemos pensar em como fazê-lo. Primeiro, criar em nós uma energia benéfica de amor, carinho; isso podemos conseguir com a oração e oferecer mentalmente à pessoa. E se tivermos oportunidade de conversar com ela, que seja para motivá-la e alegrá-la. De fato, Silas está passando por momentos difíceis e, quando isso acontece conosco, queremos afetos por perto, sentir-nos amados por alguém. Devemos sempre que for possível transformar o amor em atos bondosos.*

Eduardo se concentrou e orou:

– *Meu Deus, quero criar uma energia confortadora e envolver Silas. Por favor, nos ajude. Oriente esse meu amigo!*

Eduardo modificou de imediato sua vibração e dele saiu uma energia clara, luminosa, que envolveu Silas.

– *Silas!* – chamou Gabriel baixinho.

O menino despertou, em espírito, e viu aquela criatura que sentia ser seu amigo. Gabriel repetiu:

– *Silas!*

– *É você, meu amigo? Naquela noite você me alertou que eu teria perdas. Como estou sofrendo!*

– *Lembra-se de tudo que lhe falei?* – perguntou Gabriel.

– *Sim e tenho orado. Se Deus permitiu que viesse aqui, me diga o que devo fazer. Não é errado aceitar essa troca?*

– *Silas, nós pedimos ao João para fazer isso e ele aceitou nossa sugestão. Aceite!*

– *Não será uma mentira?* – indagou o menino.

– *Prejudicará alguém?*

– *Acho que não.*

– *Não prejudicará* – afirmou Gabriel. – *Somente o ajudará a fazer o que planejou. Faça o que seu pai pediu. Agora descanse, estarei sempre que possível auxiliando-o.*

Silas fechou seus olhos e obedeceu. Eduardo, que olhava tudo curioso, perguntou:

– Não entendo o que aconteceu! O perispírito dorme junto do corpo físico?

– Eduardo, você não adormece no seu quarto do educandário na colônia onde moramos?

– Meu corpo físico morreu – disse Eduardo. – Sei que sou um espírito e que ainda uso, na continuação da vida, o perispírito. Recém-desencarnado, sentia as necessidades quase como se estivesse encarnado; dormia, alimentava-me etc. Com o estudo e a compreensão adquirida, fui me libertando desses reflexos, mas ainda durmo.

– Somos espíritos! – esclareceu Gabriel. – Estagiamos no plano físico e no espiritual. E o que você disse está certo. Nós, que ainda estamos sujeitos à reencarnação no planeta Terra, temos, para viver, este corpo, o perispírito. Quando encarnado, o perispírito pode afastar-se do corpo físico, principalmente quando este adormece, e ir a muitos lugares encontrar-se com seres afins. Mas esse fenômeno difere muito de pessoa a pessoa; umas saem mais, outras menos. E mesmo para as que estão acostumadas a fazê-lo, essas saídas dependem muito da situação em que vivem no momento. Conheci uma mulher que sempre se afastava do corpo adormecido e continuava com sua tarefa de auxílio. Mas, quando foi mãe, com os filhos pequenos, não queria se afastar, preferia ficar no lar atenta às necessidades deles. Não saímos todas as vezes que adormecemos. Há pessoas que têm dias marcados para esses afastamentos. Normalmente quando se está doente, o perispírito fica atento ao corpo físico, mas também pode se afastar e ser levado a locais onde receberá a ajuda de que necessita. E quando o perispírito não se afasta, a *maioria das vezes, adormece junto com o corpo físico, porque esse é ainda, muitas vezes, carente de descanso.*

– *Mas o espírito não adormece!* – exclamou Eduardo.

– *Não, o espírito não dorme, mas nosso espírito é revestido de corpos, perispírito, físico...* – disse Gabriel.

– *Compreendi... Silas sofre interiormente, sua dor não é física, do corpo carnal, é íntima. É seu espírito que sofre. Por isso, sua dor é maior. Foi por ele ter orado que o senhor pôde vir aqui?*

– *Viria* – respondeu Gabriel –, *independentemente de como ele reagisse a essa tragédia, e tentaria ajudá-lo. Mas, para receber melhor a ajuda, principalmente a espiritual, necessita-se de se fazer receptivo, e Silas, pela oração, não ficando revoltado, está receptivo e pude assim auxiliá-lo como quero.*

– *O senhor o ama muito, não é?* – perguntou Eduardo.

– *Amo sim. Ainda não consigo amar igualmente a todos. Aprendi a querer bem a todos os seres, mas ainda sinto maior afeto por alguns, principalmente pelos meus pupilos. Tenho me esforçado para não amar de maneira diferente.*

– *Que vamos fazer agora?* – quis saber Eduardo.

– *Viemos para ficar aqui por dezoito horas e ainda nos restam oito horas. Faremos companhia a Silas.*

– *O senhor sempre o visita, mas agora virá mais vezes, não é?*

– *Virei sim* – afirmou Gabriel –, *tentarei confortá-lo e orientá-lo.*

– *Foi o que ele pediu a Deus orando: para o Pai-Maior orientá-lo!* – exclamou Eduardo. *É maravilhoso o que Deus faz por nós: um filho Dele auxiliando outro.*

Gabriel concordou e os dois velaram o sono de Silas.

Silas acordou com alguém chamando-o:

– Silas! Menino Silas!

Demorou uns segundos para Silas se inteirar de onde estava e aí lembrou-se de tudo; olhou para o homem que o chamara.

– Silas! – repetiu o homem. – Acordou, meu menino?

– Sim. Queria não ter acordado. Sinto-me muito infeliz!

– Não diga isso. Você nunca será infeliz, está somente sofrendo como eu.

– Que aconteceu? – perguntou Silas.

– Morreram todos – respondeu o homem. – Meus dois filhos, minha filha, meu genro e os dois netos. Todos! Seu pai me pediu e...

Escutaram gritos; Maria entrou no quarto, fechou a porta e explicou:

– É Tereza, a mulher do empregado Onofre que está gritando, ela está desesperada. Fiquei aqui com vocês o resto da noite, então deixei-os dormindo e fui verificar se tudo estava certo para a partida do cocheiro. Ele já foi embora, estava com pressa. Acho que todos na redondeza já sabem o que aconteceu e Tereza quer saber do marido.

– Ele morreu, foi um dos primeiros – disse o homem. – Foi enterrado lá. Trouxe comigo somente alguns pertences dele.

– Fique aqui, não saiam – pediu Silas. – Para todos, meu pai voltou. Maria, cuide dele, providencie um banho, roupas limpas e alimentos.

– Devo ir para um outro quarto – falou o homem.

– Não, este era dos meus pais, e agora é seu – determinou Silas. – Quando tudo se acalmar, você nos explicará. Maria, posso confiar em você?

– Sim, pode. Com certeza o senhor João sabia o que estava fazendo.

Silas saiu do quarto fechando a porta atrás de si e foi para a sala, de onde vinham os gritos. As outras duas empregadas, Bernadete e Sara, consolavam a mulher de Onofre, que chorava desesperada.

– Senhora, por favor, não chore assim! – pediu Silas.

– Meu marido morreu? – perguntou Tereza dando uma pausa no choro.

– Sim, meu pai confirmou. Onofre foi um dos primeiros a falecer, foi enterrado lá. Meu pai trouxe alguns pertences dele, depois os entregarei.

– Estou viúva! Eu o amava! Quero morrer! – gritou Tereza voltando a chorar em desespero.

– Tereza, por favor, você tem quatro filhos para criar – disse Sara tentando acalmá-la.

– Como eles ficarão sem o pai? Morreremos de fome!

– Isso não acontecerá! – afirmou Silas. – Vocês ficarão morando na mesma casa aqui na fazenda e receberão todo mês o salário de seu marido. Não morrerão de fome!

– É justo! Onofre morreu servindo seu pai. Quero ver o senhor João – gritou Tereza.

– Meu pai não está doente, mas se encontra muito abalado e não quer ver ninguém.

– Esses ricos não se importam mesmo com nós, os pobres! – exclamou Tereza chorando alto.

– Não é assim – falou Silas. – A dor é a mesma! Meu pai perdeu a esposa e quatro filhos e eu a minha família.

Ao escutar isso, Tereza se acalmou, suspirou, enxugou o rosto e exclamou:

– Sinto muito! Você tem razão! A dor é a mesma e imensa. Mas se meu marido não tivesse ido viajar com seu pai não teria morrido!

– Mas ele foi contente por ganhar um pagamento extra – respondeu Bernadete. – Não foi obrigado, foi porque quis. E se o Onofre tinha de morrer, iria falecer de outro modo e aqui. Não atormente o menino Silas, não vê como ele está sofrendo? Vá agora para sua casa, cuide dos seus filhos e acredite no senhor João. Se ele falou que irá cuidar de vocês, o fará, pois sempre nosso patrão cumpre o que promete.

– Não consigo viver sem meu marido! – queixou-se Tereza lagrimosa.

– Conseguirá, sim – falou Bernadete. – Por favor, volte para sua casa e não se desespere mais, não assuste seus filhos!

Tereza saiu cabisbaixa, chorando agora baixinho. Silas sentiu muita pena dela e prometeu a si mesmo cuidar da família de Onofre. Maria entrou na sala e deu ordens para esquentar água e preparar o desjejum.

Sara pediu a Silas para se alimentar. Ele não conseguia comer, tomou somente uma xícara de leite. Os empregados estavam no pátio e o menino foi conversar com eles.

– Voltem aos seus afazeres! Meu pai não está doente, está se sentindo fraco, abatido e muito triste. Deve ficar no leito por uns dias. Cuidarei de tudo até que papai se restabeleça.

Um dos empregados falou em nome de todos:

– Silas, nós sentimos muito o falecimento de sua mãe e de seus irmãos. Diga a seu pai que estamos tristes e de luto. Também sentimos pela morte dos nossos companheiros de trabalho: do Onofre, Isaías e filhos.

– Falarei a ele, agradeço a vocês – respondeu Silas.

Eles foram embora, voltaram ao trabalho na fazenda; havia serviços que não podiam ser adiados, como alimentar as ovelhas. Silas entrou e ficou na sala de jantar, sentou-se na cadeira em que a mãe costumava se sentar e orou:

– Deus, encaminhe nossos mortos queridos! Suas almas necessitam de orientação para estarem bem no seu reino. Que tenham paz! Pai-Nosso...

Orou por minutos, até que Maria o chamou:

– Silas, ele quer conversar conosco.

Acompanhou-a até o quarto de seus pais.

CAPÍTULO TRÊS

EXPLICAÇÕES

OS DOIS, SILAS E MARIA, ENTRARAM NO QUARTO E fecharam a porta. Isaías, pois fora ele que retornara, sentou-se no leito. Maria o ajudou arrumando os travesseiros para acomodá-lo. Com expressão sofrida, ele os olhou e falou:

– Vocês devem estar curiosos para saber de tudo. Pois vou contar. A viagem era de expectativa, demoramos cinco dias, fomos parando para que as senhoras descansassem. Fomos recebidos na casa do senhor Manoel com festas, eles ficaram muito contentes em rever os amigos. Ficamos todos muito bem alojados. Já no dia seguinte, fui com meus filhos à casa de minha filha. Como foi bom abraçá-la e conhecer meus dois netos, duas crianças lindas! Dormíamos na casa dela e íamos cedo trabalhar. O senhor João diminuiu nosso horário de serviço e assim pudemos passear. Meu filho mais velho arrumou uma namorada e estava pensando em ficar morando com a irmã. A cidade é muito bonita, o mar encantador e ao mesmo tempo assustador, é muita água, não se vê fim e é salgado. E foi por ele que tudo começou. Um navio vindo de longe, de outro país, atracou no porto com marinheiros doentes, com febre alta, vômitos, diarréia e muitas dores. Os médicos os examinaram mas não adiantou, eles foram morrendo. O navio foi isolado, mas já era tarde, as pessoas na cidade começaram a ficar enfermas.

Isaías fez uma pausa e enxugou lágrimas que lhe molhavam as faces. Maria e Silas permaneceram quietos, olhando-o atentos e ele continuou a falar:

– Minha filha e meus netos ficaram doentes e em cinco dias os três morreram, depois meu genro também adoeceu e faleceu. Em seguida foram meus dois filhos. Cuidei de todos, fiquei no lar de minha filha. Foi muito triste, no começo enterravam todos separados, depois com muitas mortes, em valas coletivas. Quis morrer também, mas a peste não me quis. A mãe do meu genro foi ajudá-los, ela não contraiu a doença e ficou morando na casa deles. Como é triste ver todos morrerem sofrendo e você ficar somente prestando algum auxílio. Como sofro!

Isaías chorou. Silas e Maria também sofriam, imaginavam a cena dolorosa. Maria conhecia os filhos de Isaías desde que eram pequenos e gostava deles. Silas também os conhecia, cresceram na fazenda. Ambos, o antigo empregado da fazenda e Silas, estavam sozinhos agora. Os dois ficaram olhando-o chorar, por alguns minutos. Silas, apreensivo, quis que ele falasse dos seus e acabou interrompendo seu choro:

– E minha família? Que aconteceu com eles?

– Tudo estava dando certo – respondeu Isaías. – A menina Marta conheceu o noivo e os dois estavam enamorados. O jovem Felipe logo conquistou uma das filhas do senhor Manoel, deixando os dois amigos, o senhor João e o senhor Manoel, muito felizes com esse namoro. Marcaram o casamento de Marta, seria no final do mês e na casa do noivo. Felipe ficaria noivo e casaria no ano vindouro. Todos estavam contentes. Os navios traziam muitos objetos bonitos. Sua irmã, dona Violeta e a esposa do senhor Manoel, com mais duas servas, foram ao cais comprar tecidos para o enxoval de Marta. E foram as primeiras a adoecer. Ainda não se sabia qual era a doença, acharam nos primeiros dias que estavam gripadas. Quando ficaram sabendo que a doença estava fazendo vítimas fatais, já era tarde, a maioria na casa estava enferma. Foram meus filhos que contaminaram o lar de minha filha. O senhor Manoel, a esposa e três filhas, inclusive a noiva de Felipe, faleceram. O noivo de Marta, quando a viu doente, foi embora para a sua fazenda.

Isaías fez novamente outra pausa, ficando por instantes pensativo. Era tudo muito doloroso, aquelas recordações lhe provocavam muito padecimento. Vendo que Maria e Silas o olhavam querendo saber de tudo, voltou a contar:

– Voltei então após o sepultamento de meus dois filhos para a casa do senhor Manoel, lá estava um caos, muitos doentes..., o senhor Manoel e Felipe morrendo e o senhor João acudindo a todos. Seu pai foi uma fortaleza, cuidava dos doentes dia e noite e foi vendo-os falecer. Passei a ajudá-lo, mas ele adoeceu. "O senhor ficará bem", falei. "Não", respondeu, "estou fraco, há dias que durmo pouco e me alimento mal. São raras as pessoas que saram e eu, com certeza, não me curarei. Preocupo-me com Silas, que ficará sozinho." Mesmo doente, ele ainda cuidou de Felipe, até que ele morreu. No outro dia, o senhor Manoel nos confundiu, achou que eu era o senhor João. Eu ia desmentir quando o seu pai me impediu. "Isaías, você já notou que somos parecidos? Você é mais velho do que eu dez anos, mas temos a mesma altura e, agora, magros, ficamos muito parecidos". "Principalmente com o senhor vestido como está", falei. O senhor João estava com roupas simples, mas confortáveis, e naquele momento estava até um pouco sujo. "Você é eu! Entendeu?" Neguei com a cabeça e ele me levou ao quarto que lhe fora destinado. "Isaías", disse o senhor João, "tive uma idéia quando Manoel nos confundiu. Eu estou doente, você não. Para todos aqui, você é eu e eu sou Isaías. Já estou me sentindo mal e quero me deitar, mas assim que o fizer não me levantarei mais, com certeza. Penso em Silas, meu filho que ficou na fazenda. Ele terá somente a você e a Maria. Se meu irmão souber que morremos, que eu faleci, irá tomar posse do que é meu e que agora é de Silas. Com certeza, o colocará num asilo pela sua deficiência e ficará com tudo – isso se meu cunhado, o irmão de Violeta, deixar. Os dois certamente irão disputar a fazenda, meus bens, sem se importar com Silas, que é menor de idade. Não cuidarão dele, poderão até matá-lo. Por isso, Isaías, faça de conta que sou eu! Vou escrever a Silas explicando tudo.

Separarei as jóias, algumas roupas que você levará, pagarei um cocheiro para levá-lo à fazenda e lá evite falar até que Silas o oriente. Meu filho saberá o que fazer, ele é inteligente e capaz. Você deverá ficar aqui no meu quarto e eu irei para o seu." "Se eu ficar doente senhor, que farei?", perguntei. "Se não ficou até agora, não ficará mais, por isso se poupe e se alimente bem. Deve partir logo. Amanhã terminarei de preparar tudo e você partirá." E o senhor João foi escrever para você. À noite, ele falou para uma das filhas do senhor Manoel que partiria para a fazenda levando uma carruagem. Aconselhou-a a casar logo para que o seu noivo passasse a administrar os pertences do pai dela. O senhor João se esforçou muito para não parecer doente. Contratou o cocheiro, que é um empregado de confiança da casa do senhor Manoel, e pagou-lhe adiantado. Deu-me sua arma, me fez vestir suas roupas, foi para o meu quarto e me deixou no seu. No outro dia, fui ao enterro do senhor Manoel como João e voltei logo para a casa. Ninguém desconfiou. Acho que com todos cansados, com tantas preocupações e sofrendo, não prestaram atenção. Estava tudo certo para partir; fui então ao quarto onde estava o seu pai despedir-me dele. Ele estava muito mal, me olhou e novamente me pediu: "Isaías, confio em você! Conte a Maria e peça a ela para cuidar, junto com você, do meu Silas. Reconheço agora que o amo muito e quero-o na fazenda vivendo livre e cuidando do que é dele por direito. Prometa, Isaías, que você fará isso por mim? Será João de agora em diante?" "Prometo", afirmei. "Mas se o senhor melhorar?" "Sinto que estou morrendo. Mas se não morrer, irei para a fazenda". Toda a minha família estava morta. Tenho mais uma filha que nem sei se está viva. Mas restou você e aceitei a proposta. À noite fui ver o senhor João; ele estava morrendo. Levantei de madrugada para partir e uma criada me informou que "Isaías" havia falecido. E, então, como senhor João, parti. Paramos o mínimo possível. E foi isso que aconteceu.

Ficaram em silêncio por instantes, cada qual pensando.

"Estou sofrendo muito", pensou Isaías. "Mas não morri e existe Silas, que é inocente, deficiente físico e feio. Se os tios dele souberem, darão um jeito de desaparecer com ele ou matando ou colocando-o num asilo para doentes mentais. Agi certo prometendo. Vou cuidar dele como prometi ao senhor João, moribundo."

Maria estava comovida:

"Que tristeza! Não verei mais dona Violeta nem as crianças! Também prometi à minha patroa que cuidaria de Silas enquanto ela estivesse fora. Como não voltará mais, a promessa continua. E eu amo essa criança. Ele parece um adulto, tem a sabedoria de um homem velho e é muito bondoso."

– Eu juro por Deus que não conto nada! – concordou Maria. – O segredo deve ser bem guardado. Por enquanto o senhor "João" deverá ficar se recuperando no quarto. Acharemos um jeito de enganar a todos. Ninguém virá nos incomodar e maltratar Silas.

– Vamos fazer a vontade de seu pai, menino Silas? – perguntou Isaías.

Silas pensou antes de responder:

"Meu pai se preocupou comigo, ele me ama, eles me amaram. Se ele determinou que assim fosse, que seja. Depois, parece que sonhei com alguém me falando para atender ao pedido de meu pai. Não consigo me recordar do sonho direito, mas sinto que devo fazer a vontade de papai."

– Faremos sim e devemos jurar pela *Bíblia* – respondeu o menino.

Pegou a *Bíblia* que estava em cima de uma cômoda e aproximou-se do leito. Maria o seguiu e os três colocaram a mão direita sobre o livro.

– Juro por Deus que guardarei segredo! – exclamou Silas.

– Juro! – os dois falaram juntos.

Silas colocou a *Bíblia* no lugar e disse:

– Vou ler a carta que meu pai me enviou. Tomarei todas as providências. Você, Isaías, não deve sair do quarto, e somente Maria entrará aqui. Você me chamará de filho, e eu o chamarei de pai; Maria o tratará de senhor. Agora descanse, está muito abatido e magro.

E Isaías tornou-se então naquele momento João. E atendendo à sugestão de Silas, tirou os travesseiros e acomodou-se no leito. Estava sonolento, olhou para o menino com carinho e disse:

– Silas, na bagagem está o que seu pai separou para que eu trouxesse e nessa caixa, que trouxe junto a mim, estão as missivas.

O garoto pegou a caixa, Maria fechou a janela e os dois saíram. Trancaram a porta. No corredor, Silas pediu:

– Maria, conte aos empregados sobre a viagem, o noivado, que Isaías viu a filha e os netos, sobre a doença e que somente meu pai sobreviveu e retornou. É melhor que todos saibam para evitar que a curiosidade os faça especular. Vou ler a carta de meu pai.

Maria foi para a cozinha e contou a mesma história por três vezes e logo todos da fazenda tomaram conhecimento do acontecido. Silas foi para o seu quarto, trancou a porta e abriu a caixa. Nela estava a caneta de seu pai, o tinteiro com tinta e duas cartas, uma endereçada ao tio, irmão de seu pai, e a outra a ele. Leu emocionado as vontades de seu genitor, registradas na carta:

> "Que Deus o abençoe, filho meu.
> Silas,
> Isaías retorna como João e assim deve ser até você se tornar adulto. Você, porém, é que cuidará de tudo. Tenho certeza de que conseguirá. Deve, assim que ler esta carta, tomar as providências que enumero:
> 1º Manter segredo, peça para Maria jurar.
> 2º Leia a carta que escrevi a meu irmão e coloque a data. Escreva imitando minha letra a seu outro tio, o irmão de sua mãe. Copie a que escrevi ao seu tio.
> 3º Escreva como se fosse eu ao padre, a meus amigos da cidade e vizinhos informando-os do falecimento de Violeta, minha esposa, e dos quatro filhos. Que estou convalescendo e que por enquanto não poderei recebê-los. Isaías deve, assim que chegar, ficar no meu quarto e usar

minhas roupas. Peça a Maria para cortar o cabelo dele. O padre irá com certeza visitá-los, então ofereça o almoço de costume, dê a ele a importância de... [uma soma elevada], e peça que celebre missas aos nossos mortos. E, quando o padre chegar, Isaías deve ficar na varanda com o meu roupão e cumprimentá-lo.

4º Nas cartas, escreva que estou abatido, muito triste, que a doença deixou algumas seqüelas, a voz está mais rouca, meus cabelos branquearam e estou muito magro, porém melhor de saúde. Mande os empregados levar as cartas para a cidade e lá enviarão um mensageiro para entregar a do meu irmão. Dê dinheiro ao empregado para isso.

5º Logo que possível, ensine Isaías a comer na mesa, a usar talheres, a falar e a dar ordens. Mas fique atento, não o deixe exagerar. É você quem deve mandar. Isaías não sabe ler, e se alguém insistir para ele ler, diga que não está enxergando bem.

6º Com certeza, você terá de resolver muitos problemas. Pense e tente imaginar como eu resolveria. Não se apavore, use o bom senso. Se seus tios o incomodarem, seja astuto e coloque um contra o outro. Se precisar, você achará um envelope escrito "Casos de Família"; nele estão escritos fatos importantes que poderá usar contra eles. Não aceite convites deles nem os convide a visitá-lo.

7º Sinto, filho, por você ter ficado sozinho. Amamos você. Eu o amo, quero que fique dono de tudo e que seja feliz.

8º Após ler e entender tudo, queime esta carta e verifique se está destruída.
Abençôo-o,
de seu pai João".

Silas chorou; depois de a ler muitas vezes, pegou a carta endereçada ao tio e leu-a. Seu pai escreveu friamente ao irmão, contando sem muitos detalhes da viuvez e do falecimento dos filhos e disse que um deles estava vivo com ele na fazenda. Não escreveu o nome. Pediu para não visitá-lo sem convite porque não queria no momento ver ninguém.

Silas entendeu que o pai escrevera somente a esse irmão porque ele conhecia sua letra e que deveria colocar a data na carta com a mesma caneta imitando a letra do pai.

Pegou a carta que seu pai lhe escrevera, trancou a porta do quarto e dirigiu-se à cozinha. Rasgou-a e colocou-a no fogo e ficou vigiando até que não restasse mais nada. Comeu um lanche e recomendou a Maria:

– Fique atenta, se papai precisar de alguma coisa, você deverá estar por perto. Vou fazer o que ele me pediu.

Maria concordou com um movimento de cabeça. Silas foi para seu quarto, trancou a porta e pôs-se a escrever. Anoiteceu, ele acendeu o lampião e continuou escrevendo com muita atenção imitando a letra do seu genitor. Colocou a data na carta do tio, escreveu muitas missivas a parentes, amigos e vizinhos. Terminou de madrugada; como não estava com sono, deitou-se para descansar e ficou orando. Quando amanheceu, levantou-se, mandou chamar três empregados e ordenou:

– José, vá à cidade e entregue estas cartas aos destinatários, e esta aqui para o senhor Martinho, que a enviará pelo mensageiro. Aqui está o dinheiro que o senhor Martinho cobra. E você, Mateus, deve se preparar. Escolha um bom cavalo e vá à fazenda do meu tio, irmão de minha mãe, levar a ele esta carta. Você já foi lá outras vezes e conhece o caminho. Aqui está o dinheiro para a viagem. Deve ficar hospedado na cidade próxima à fazenda do meu tio, não aceite se lhe oferecerem hospedagem. Entregue a carta e pergunte se tem resposta; se não tiver, deve voltar de imediato; se houver, espere na cidade. E você, Luís, entregue estas aos nossos vizinhos. Entenderam?

Os três empregados concordaram com a cabeça e saíram para cumprir as ordens. Silas chamou Maria e foram ao quarto onde estava a bagagem trazida por Isaías.

– Vamos abri-la e guardar tudo. Peça a Sara para levar à Tereza este embrulho com os pertences do Onofre. Maria, quero lhe pedir para mudar para o quarto de Marta.

– Mas sou empregada e não fica bem – discordou Maria.

– Para todos, você está atendendo a um pedido de meu pai e será temporário. O quarto, porém, deverá ser seu, você deve ficar por perto me dando segurança e também para vigiar meu pai. Entendeu?

– Vou levar minhas roupas hoje mesmo. Silas, quero lhe dizer que estarei sempre a seu lado e farei tudo o que me for possível para ajudá-lo.

– Obrigado.

Abriram os baús e os sacos de viagem. O pai de Silas não lhe mandou muita coisa, apenas algumas roupas – as dele e algumas de sua mãe e irmãos. E entre as peças de tecido, estavam as jóias e uma quantia de dinheiro.

– Maria – falou Silas –, vou guardar o dinheiro e as jóias. As roupas de papai leve para o quarto dele; as outras, coloque no armário do quarto de Felipe e leve também para lá as minhas. Vou mudar de quarto. O aposento de Felipe é mais espaçoso e perto do quarto de papai.

– E o que vamos fazer com os objetos que estão nos outros quartos? – perguntou Maria.

– Por enquanto, vamos deixá-los onde estão. Objetos materiais são para serem usados, como dizia mamãe. Com certeza eles terão serventia.

Maria foi chamar as duas empregadas para ajudá-la. Silas olhou para aqueles objetos e sentiu uma dor profunda.

"Seria melhor, meu Deus, que o Senhor me levasse. Ficaria junto deles, seria feliz novamente. Nunca reclamei por ter me criado feio e deficiente, mas agora não O entendo. Por que me deixou sozinho?"

Sentiu a resposta no seu íntimo:

"Para consolar outros que estão sozinhos também!"

Pegou a caixa com as jóias e o dinheiro e foi para o escritório de seu pai, localizado ao lado da sala de refeições. Entrou e fechou a porta, tirou um quadro da parede e ali estava um cofre; abriu-o e colocou o dinheiro.

– Tenho bastante, mas a fazenda deverá continuar dando lucro! – exclamou baixinho.

Fechou o cofre, continuou com a caixa na mão, saiu do escritório e foi para outro cômodo, a sala íntima de sua mãe, onde ela bordava e fazia sua leitura. Trancou a porta e verificou se a janela estava fechada, tirou com cuidado uma poltrona do lugar, soltou duas tábuas do piso e abriu um alçapão. Ali havia outro cofre. Silas abriu-o e, antes de colocar as jóias, olhou para as cinco barras de ouro e viu o envelope citado por seu pai, no qual estava escrito "Casos de família". Colocou a caixa, pôs tudo no lugar, sentou-se na poltrona e pensou:

"Mamãe gostava muito de sentar aqui! Era esta sua poltrona favorita! Nem ela sabia desse esconderijo. Não estranhei quando papai me mostrou e me ensinou a abrir os dois cofres. Agora estou entendendo, acho que ele sem entender bem o porquê, sentiu necessidade, vontade de me mostrar e ensinar-me a abri-los. Usarei essa fortuna para algo bom, papai, não esbanjarei o que o senhor com muito trabalho guardou pensando nos filhos."

Levantou-se e foi almoçar.

CAPÍTULO QUATRO

A REAÇÃO DE TEREZA

SILAS RESOLVEU FAZER LOGO O QUE O PAI LHE SUgeriu. Depois do almoço foi com Maria ao quarto dos pais e ela cortou o cabelo de Isaías.

– Você tem os dentes muito estragados – comentou Silas –, por isso deve sorrir pouco.

– Não tenho vontade nem motivos para rir – respondeu Isaías.

– Se for rir, faça de maneira discreta, assim – mostrou o menino –, sem abrir a boca. Ande com a cabeça levantada, olhando para a frente. Vou colocar em você a aliança de papai e este anel. Não deve tirá-los. As roupas dele ficarão um pouco largas. Se você não engordar, mandaremos apertá-las.

– Vou ter de usar botas? Vestir essas roupas? – perguntou Isaías.

– Vai, sim – respondeu Maria. – Isaías, a gente acostuma logo com as coisas boas. As botas poderão incomodá-lo no começo, mas depois você não vai querer ficar sem elas.

– Isaías – pediu Silas –, vou ensiná-lo a falar corretamente. Para que aprenda, vou corrigi-lo, está bem?

– Sim, e para começar, meu filho, chame-me só de pai.

– Sim, papai – falou sorrindo o menino.

E principiaram, Maria e Silas, a ensiná-lo a usar os talheres e a vestir as roupas que pertenciam a João. Com o corte de cabelo, reconheceram que ele ficou muito parecido com o antigo proprietário da fazenda. Como já haviam dito que os cabelos dele branquearam e que a voz estava mais rouca, acharam que ninguém iria desconfiar da troca.

Silas tentou ocupar-se, andava pela fazenda verificando tudo e ficava muito com Isaías ensinando-o, o que fazia com carinho e aos poucos com medo de ele se aborrecer com tantas informações.

Os três, Maria, Isaías e Silas, estavam sofrendo muito. Maria porque desde mocinha tinha em seus patrões sua família, e os amava, especialmente dona Violeta. Isaías padecia porque se viu de repente sem família, e a morte de seus filhos foi para ele uma enorme perda, achava que nunca mais seria feliz ou teria alegria. Silas sentia como se tivesse levado um soco que o deixara sem sentidos. Às vezes, achava que ia acordar daquele pesadelo e que nada daquilo havia acontecido; em outras, reconhecia que tudo era verdade e sentia muita dor e, então, recorria à oração. Se não fosse a carta de seu genitor, acharia que no tempo previsto eles voltariam para alegrar aquela casa. Compreendeu que não poderia fraquejar, tinha de atender ao pedido de seu pai e pôs-se a fazer o que lhe competia. À noite, orava e chorava até adormecer.

Dois dias se passaram e Juvêncio, um homem bom que havia tempo trabalhava e morava na propriedade, comentou com Silas:

– São quatro empregados a menos agora na fazenda. Logo necessitaremos de mais pessoas aqui. O que seu pai irá fazer com a casa de Isaías?

– Papai – respondeu Silas – já comentou comigo sobre esse assunto. Vamos pedir para vocês espalharem que estamos precisando de empregados. Quanto à casa de Isaías, irei à tarde lá e tirarei alguns objetos pessoais, que guardaremos se por acaso a outra filha dele der notícias ou vier aqui. Vou conversar com meu pai e deixaremos a casa em que Isaías morou em condições de ser habitada por outro morador.

Silas se preocupou. Juvêncio tinha razão. Necessitariam logo preencher as vagas existentes.

– E Tereza, do Onofre, que irão fazer com ela e os filhos? – perguntou Juvêncio. – Se arrumarem mais trabalhadores, vão precisar da casa.

– Tereza ficará morando lá e papai os sustentará. Pode dizer por aí que ninguém os tirará de lá, a não ser que ela queira sair – afirmou o menino.

O senhor João é bom e ficou mais bondoso ainda. Isso nos dá tranqüilidade. Se algo acontecer conosco, nossas famílias ficarão protegidas. Vou pedir para falarem por aí que o senhor João precisa de empregados.

Silas foi conversar com Isaías.

– Papai, estamos com dois problemas.

Isaías prestou atenção e o menino continuou a falar:

– Vamos precisar de mais pessoas para trabalhar na fazenda e da casa de Isaías. O que faço?

– Você tem razão, a fazenda ficou com quatro homens a menos. Desfazer-se da casa em que eu morava? Nada mais será como antes. Eles não voltarão! – fez uma pausa, suspirou e indagou: – Você tem certeza, filho, de que é isso que quer que seja feito? Devemos fazer mesmo essa troca?

– Sim, certeza absoluta, papai.

– Então vá lá, na minha casa, pegar alguns objetos para mim. Depois divida os móveis e as roupas com os outros empregados.

– É o certo – concordou Silas. – Você não precisará mais de nada de lá. E como arrumar os empregados?

– Como seu pai faria – respondeu Isaías. – O mais importante já fez: pediu ao pessoal para comentar. Chegarão pretendentes, você os entrevistará. Nada de decidir de imediato. Diga que eu os escolherei. Pergunta onde trabalhou, por que saiu ou quer sair, se tem família, quantos são e anote tudo. Depois conversaremos e decidiremos.

Isaías falava muito errado, e Silas aproveitava essas conversas para corrigi-lo.

Silas pediu a Maria para visitar Tereza e tranqüilizá-la. Ela foi e, ao voltar, comentou:

– Menino Silas, Tereza está estranha, muito quieta, não quer fazer nada em casa. Mandei Sara levar comida para eles e Bernadete para lavar as roupas e limpar a casa dela. Tereza sempre foi bastante desequilibrada. Onofre teve um casamento infeliz. Acho que era por isso que ele sempre pedia a seu pai para fazer um serviço em que precisaria viajar. Ela diz que escuta vozes, talvez seja por isso que conversa sozinha e é muito nervosa. Normalmente, fala muito; estranhei por encontrá-la muito quieta. Somente me fez uma pergunta quando lhe dei o recado: "O senhor João disse mesmo que cuidará de nós? Das crianças?" Afirmei que sim e que ela podia ficar tranqüila. Tereza não falou mais nada. Espero que melhore. Coitadas das crianças!

Silas pensou que Tereza certamente melhoraria, os filhos a fariam reagir.

Mas, ao amanhecer do quarto dia depois da chegada de Isaías, Silas acordou com gritos. Levantou-se correndo e foi para o pátio. Era Sara, que chegava para trabalhar e gritava muito assustada.

– Silas – disse Sara, aflita –, passei pelo açude e lá estava o corpo de Tereza boiando. Vamos lá!

Silas correu junto dela e, quando chegou ao açude, dois empregados tiravam o corpo das águas. Todos os empregados da fazenda e suas famílias estavam ali, assustados e comovidos com a tragédia.

– É Tereza mesmo, ela se matou! – exclamou Sara.

– Verifique se ela está morta mesmo – pediu Silas.

– Está sim – respondeu o empregado que a tirara da água. – Está rígida, deve ter vindo para cá assim que escureceu, ontem à noite.

– Como pôde se afogar num lugar raso assim? – perguntou Sara.

– Também não entendo – respondeu o empregado. – Aqui, o lugar mais fundo chega à minha cintura. Ela foi determinada, colocou a cabeça n'água e não a levantou.

"O que faço numa situação dessa?", pensou Silas tentando achar uma maneira correta de agir. "O padre não benze corpos de suicidas e ela não tem família aqui. Tenho de avisar a autoridade na cidade. Vou perguntar o que fazer à Maria e ao Isaías. Mas onde deixo o corpo? Meu Deus, me ajude!"

Suspirou e falou:

– Vou contar a meu pai e ele me dirá o que fazer. Vamos colocá-la no galpão. Sara, por favor, troque a roupa do cadáver e você, Bernadete, vá a casa dela e cuide das crianças.

Ao entrar em casa, Silas chamou por Maria. Foram ao quarto de seus pais e acordaram Isaías. Silas contou falando depressa o que acontecera e perguntou aflito:

– O que faço?

– Não sei – respondeu Isaías. – Mas seu pai certamente saberia. Por quê, Silas, não pensa nele, não tenta imaginar como o senhor João agiria?

– Mas sem ficar aflito – recomendou Maria.

– Será que somos culpados pela morte dela? – perguntou o menino suspirando triste.

– Foram muitas mortes de uma só vez! Ninguém foi ou é culpado. Quem podia imaginar que ela iria cometer esse desatino? – falou Isaías.

– Calma! – pediu Maria. – Eu também acho que não devemos nos culpar. E vamos achar a melhor maneira de conduzir esse fato. Quando a gente não sabe como agir, devemos recorrer a Deus. Por favor, Senhor, o que devemos fazer? Quem avisar?

– É isso, Maria! – exclamou Silas. – Avisar! Pensei nisso sem entender bem o porquê. Vou pedir que um empregado vá rápido avisar o padre Mateus e o senhor Souza, que é a autoridade na cidade no momento. Pedirei ao Juvêncio para organizar o enterro. Vamos enterrá-la assim que tivermos autorização. Acho melhor velar o corpo no galpão. Aqui na fazenda, Tereza não tinha parentes. Vocês sabem se ela tem alguém da família morando aqui por perto?

– Ela tem um irmão que trabalha na fazenda vizinha e tios e primos que moram na cidade – respondeu Isaías.

– Vou mandar avisá-los.

– Será que devo ir vê-la? – perguntou Isaías.

– Não – respondeu Silas –, acho melhor o pessoal da fazenda não vê-lo por enquanto. Direi que o senhor está traumatizado com tantas mortes.

Voltou ao galpão onde todos o esperavam com as ordens. Silas pediu a Juvêncio para organizar tudo e a dois empregados, um para avisar o irmão dela e outro para ir à cidade.

– Menino Silas, é a família do defunto quem oferece no velório bebida e comida. Como vamos fazer? – perguntou Juvêncio.

– Vou dar ordens para Maria fazer o que é de costume lá em casa e trazer para cá.

– Não podemos tirar mais os trabalhadores dos seus serviços, por isso vou ao cemitério ao pé do morro e cavar eu mesmo uma cova, acho que devemos enterrá-la ao entardecer – opinou Juvêncio.

– Vamos enterrá-la naquele local? – perguntou Silas.

– Suicidas são enterrados lá – respondeu Juvêncio, triste.

– Está bem – concordou o menino. – Quanto ao horário, vamos esperar que o irmão dela chegue.

Juvêncio suspirou triste e falou tão baixinho que foi escutado somente por Silas:

– É que ela deve ter morrido ontem à noite, está com muita água na barriga, nos pulmões, não devemos esperar muito para enterrá-la. Vou agora fazer o buraco.

Ele saiu e Silas olhou para o cadáver. As mulheres haviam trocado sua roupa e colocado flores ao seu redor.

– Orem por ela – pediu Silas.

– Será que adianta? – perguntou uma das mulheres. – Suicida vai para o inferno.

– Adianta sim – afirmou o menino. – Às vezes nós duvidamos, mas a oração tem força. Deus é bom pai! Ele ama muito seus filhos. Tereza estava doente, perturbada, e Deus levará isso em conta quando for julgá-la.

– Vamos orar – determinou uma mulher.

E começou a rezar e as outras a acompanharam. Silas sentou-se e orou, rogou a Deus por aquela alma sofrida.

"Deus, eu lhe peço, receba Tereza em seu reino, perdoe-a, ela com certeza não quis ofendê-Lo. Acredito que estava desesperada e doente. Desculpe-me, enclausurei-me em minha dor e esqueci-me dela. Mesmo que ela não lhe peça perdão, perdoe-a, por favor."

Depois de orarem por minutos, as mulheres foram para casa cuidar de seus afazeres. Silas foi com Maria ver o que fariam para servir às pessoas e aos parentes de Tereza que viriam ao velório. Os dois empregados retornaram e o que tinha ido à cidade disse:

– Silas, falei com o padre Mateus e ele pediu ao senhor João para desculpá-lo, mas que não pode encomendar o corpo de um suicida. O senhor Souza me disse que está muito atarefado para vir aqui e que, se nós definimos que foi suicídio, ele acredita e que podemos enterrá-la. Os parentes foram avisados e alguns virão logo mais.

– O irmão dela está vindo com a mulher, de charrete – informou o outro empregado.

Silas agradeceu-lhes e pediu que retornassem ao trabalho. Recepcionou as pessoas que foram para o velório. Como de costume, foram servidas comida e bebidas; oraram também. O irmão dela quis que a enterrassem ao entardecer. Juvêncio colocou o corpo na charrete e Silas foi junto. Somente umas seis pessoas acompanharam o cortejo. Nesse local, não longe da cidade e ao pé do morro, havia algumas sepulturas. Cercado por um muro baixo de pedras escuras, a área era triste e sem beleza. Como ficava no caminho para a cidade, os parentes de Tereza acompanharam o corpo mas não pararam no local para o enterro. Juvêncio enrolou o corpo num lençol, colocou-o na cova e, sozinho, cobriu-o de terra. Silas ficou olhando tristonho e pensou:

"Minha mãe e meus irmãos foram enterrados em túmulos, mas papai deve ter sido enterrado assim, em alguma cova e talvez junto de outros cadáveres. Mas para a alma esse fato não deve fazer diferença. O que importa é o que ela leva de bom na sua bagagem nessa viagem. Acho que a morte é uma viagem. Minha família, a do senhor Manoel e a do Isaías ficaram doentes e lutaram bravamente para não morrerem e Tereza, sadia, se mata."

– Que Deus ampare todos os que partiram e principalmente Tereza! – exclamou Silas com a voz rouca e enxugando as lágrimas.

Voltaram calados. Maria, assim que viu Silas, foi ao seu encontro falando:

– Silas, o irmão de Tereza somente viu as crianças. Perguntei-lhe se ia ficar com elas e ele me respondeu: "Não, já temos sete e vivemos com dificuldades". O que iremos fazer com aqueles órfãos?

– O senhor João é quem deve decidir – opinou Juvêncio.

– Com certeza, é o patrão quem deve decidir – respondeu Maria. – Estou falando para Silas porque o senhor João está muito triste.

– Com razão, perdeu a esposa e os filhos – disse Juvêncio.

– Vou conversar com papai – falou Silas. – Mas, por esta noite, peça a Bernadete ou a Sara para dormir com eles. São tão pequenos!

– Órfãos devem ser levados para um orfanato – comentou Juvêncio.

"Orfanato não!", pensou Silas. "Vou resolver isso, mas é melhor Juvêncio achar que é meu pai quem toma as decisões."

– Amanhã resolveremos. Por esta noite, que alguém durma com as crianças.

– Silas – informou Maria –, o mensageiro do senhor Martinho trouxe várias cartas e o empregado que foi à fazenda do seu tio retornou.

– Peça a ele para vir falar comigo, mas, se estiver muito cansado, que venha amanhã cedo. Vou levar as cartas para meu pai.

Silas estava cansado, mas pegou as cartas, convidou Maria a acompanhá-lo e foram para o quarto do pai. Contou a ele tudo o que aconteceu.

– Filho – comentou Isaías –, não entendo como alguém pode se matar. Vi recentemente muitas pessoas doentes lutando para viver e essa mulher se suicida!

– Acho que ela não teve coragem para enfrentar a vida. É triste mesmo! – exclamou o menino comovido.

– Confesso que pedi a Deus para adoecer e morrer, mas o Pai não me atendeu. Não passou pela minha mente me matar nem o farei. Cruz credo! Suicidas vão para o inferno e sofrem para sempre.

– Acho que não! – exclamou Silas.

– Como não? – perguntou Maria. – A Igreja afirma isso.

– Não compreendo direito o porquê de pensar assim, mas acho que Deus não castiga nenhum dos seus filhos e que sofrimento nenhum dura por muito tempo. Não quero me suicidar e que o Pai do Céu me ajude a nunca pensar nisso. Acho que quem se mata deve sofrer no Além, mas por um certo período. Deus nos ama muito para nos punir para sempre. Mas vamos falar de outra coisa. Que iremos fazer com os filhos de Tereza e Onofre?

– Órfãos devem ir para o orfanato quando os parentes não os querem – opinou Isaías.

– Se fossem seus filhos, o que você iria querer para eles? – perguntou Silas.

– Se fossem meus, eu os ia querer juntos e bem. Sofreria com eles separados ou num orfanato – respondeu Isaías.

– E se fossem meus, rogaria a Deus piedade, e que alguém bondoso cuidasse deles. Como é difícil ficar órfão pequeno! – exclamou Maria com os olhos lacrimosos.

– Que fazer então? – perguntou Isaías. – Penso muito nos meus filhos que Deus levou. Quero que eles estejam bem! Se fosse o contrário, eu ter morrido e eles terem ficado, embora adultos, eu gostaria que estivessem amparados. Seu pai se preocupou com você, preferiu ser enterrado numa cova coletiva como empregado, pensando em você, para que não fosse para um orfanato ou, pior, para um asilo de doentes. Se mandarmos os quatro órfãos para o orfanato, talvez sejam adotados por famílias diferentes. E será que eles serão bem tratados? Eles ficarão bem?

– Poderíamos deixá-los um com cada família de empregados aqui na fazenda e você daria a quem ficasse com eles uma ajuda de custo – sugeriu Maria.

– Todos os empregados que moram aqui têm família numerosa – comentou Isaías. – Eu antigamente não iria querer um órfão na minha casa.

– E agora? – perguntou Silas.

– Agora penso diferente. É muito triste ficar sem família. Eu, que já estou velho, sinto muita falta deles. Com essa tragédia, ficamos sem família, mas Deus nos deixou unidos.

– E se uma empregada morar com eles? – indagou Maria.

– Morar vinte e quatro horas por dia? – perguntou Isaías. – Essa pessoa teria de deixar sua casa, seus familiares. Depois necessitamos da casa para outro empregado habitar.

Ficaram em silêncio por momentos. Silas pediu a Deus que os ajudasse a tomar a melhor solução. Sentiu-se tranqüilo e falou baixinho:

– Corro o perigo de ir para um orfanato ou asilo. Não quero ir e aquelas criancinhas também não. Deus me deu uma oportunidade, que devo oferecer a outros também. Jesus disse: faça a outro o que gostaria que alguém lhe fizesse. Você, Isaías, está fazendo por mim o que gostaria que alguém fizesse aos seus filhos. Maria também. Eu também devo fazer! Vou trazer os quatro órfãos para nossa casa!

– Eles aqui? – perguntou Maria assustada.

– Acho ótimo! – exclamou Isaías.

– Mas o que as pessoas irão falar? Haverá comentários – preocupou-se Maria.

– Diremos a todos a verdade parcial – respondeu o menino. – Que necessitamos da casa para outro empregado e que, enquanto não acharmos quem queira ficar com os quatro órfãos, eles ficarão conosco. Mas a verdade é: eles ficarão conosco em definitivo. Vamos criá-los, educá-los e ensiná-los a trabalhar. Quando adultos, serão empregados nossos. Amanhã, Maria, você irá buscá-los. Traga somente as melhores roupas deles e alguns objetos dos pais que poderão querer guardar de recordação. Vamos alojá-los no meu antigo quarto. Os quatro juntos, para não estranharem. Vou dar a eles os brinquedos que temos aqui, guardados, e pedir que Luzia conserte as roupas dos meus irmãozinhos para servirem neles e que faça outras para as duas meninas.

– Gostei! – exclamou Isaías.

– Tenho medo dos falatórios! O senhor João não faria isso – comentou Maria.

– Não antes da desgraça! – exclamou Silas. – Meu pai mudou e para melhor.

– Será que os outros empregados não ficarão enciumados? – perguntou Maria.

– Também vou ajudá-los – falou Silas determinado. – Faz tempo que eles querem aumentar suas casas. Vou mandar chamar os homens que nos fazem serviços temporários e moram na cidade para virem nos ajudar. E vou aumentar o salário deles.

– Isso é maravilhoso! – exclamou Isaías.

– Que acha, Maria? – perguntou Silas, vendo-a indecisa.

– Se for para todos viverem melhor... Mas tenho medo de alguns problemas que poderão surgir. Os outros fazendeiros podem achar ruim, os empregados se sentir muito merecedores e não quererem cumprir suas funções. Infelizmente não se pode dar moleza para alguns.

– Vamos correr o risco. O aumento será igual ao que nosso vizinho, o senhor Afonso, concedeu. Ele já remunera melhor seus empregados há tempos e não tem problema com isso. O conserto das casas é uma melhoria que papai quer dar à fazenda. Vou dar as ordens. Estou pensando em deixar o Juvêncio como nosso ajudante direto, como capataz. Nunca tivemos um, papai cuidava de tudo, mas agora acho que iremos precisar. Que você acha, Isaías?

– Juvêncio é honesto e capaz. Fez boa escolha. Diga que comigo adoentado, iremos precisar – opinou Isaías.

Silas deixou as cartas em cima da cômoda.

– Vou lê-las mais tarde. Vou pedir aos empregados para se reunirem no pátio e conversar com eles.

Os empregados tinham voltado para suas casas para o jantar e foram para o pátio curiosos para saber o que o senhor João queria com eles.

– Onde está o nosso patrão? – perguntou Juvêncio ao ver Silas.

– Venho aqui transmitir as ordens de papai. O médico ordenou que ele ficasse acamado por uns trinta dias. Ele está fraco e muito triste. Mas está a par de tudo. Vamos arrumar novos empregados, temos duas casas para os moradores. E para isso tomou as seguintes providências: as quatro crianças de Onofre irão para nossa casa e, por enquanto, cuidaremos delas até decidirmos o que fazer, se irão para um orfanato ou se serão adotadas. Os pertences da casa de Tereza devem ser repartidos entre vocês depois que Maria pegar alguns objetos. Meu pai decidiu ter um capataz e escolheu você, Juvêncio. As casas em que moram serão reformadas como haviam solicitado. Para nos ajudar, contrataremos os trabalhadores da cidade. Assim ficarão mais bem instalados. E, papai decidiu aumentar seus salários.

Os empregados que estavam quietos, ao ouvirem a última frase, comentaram alegres.

– Que bom!

– O senhor João está sendo muito generoso!

– Como será o conserto das casas?

– Vamos primeiro consertar o que está estragado e vamos aumentá-las. Quero ouvir o que querem e papai irá atendê-los no que for possível.

– O aumento de quanto será? – perguntou um outro empregado.

Silas falou e novos comentários. Eles estavam entusiasmados.

– Silêncio! – pediu Silas. – Quero, meu pai quer, que todos estejam satisfeitos, que trabalhem com vontade e que aqui na fazenda não haja brigas, que sejam amigos e vivam felizes. E que façam jus para merecerem o salário. Agora podem ir. Depois de amanhã, Juvêncio irá à cidade contratar os trabalhadores e comprar material.

Saíram e ficaram Juvêncio e o empregado que voltara da casa de seu tio. Juvêncio olhou para Silas e comentou:

– Seu pai, menino Silas, sempre cuidou de tudo na fazenda. Se ele acha agora que precisa de alguém para ajudá-lo e me escolheu, vou fazer de tudo para não decepcioná-lo. Estou contente por ser o capataz!

– Fiz direitinho tudo o que você me pediu – disse o outro empregado a Silas. – Seu tio não quis me receber, mas uma filha dele pegou a carta e mandou que voltasse no outro dia. Fui pernoitar na cidade como me recomendou. Voltei no dia seguinte e, então, seu tio, a esposa e três filhos me receberam na sala. Ele me interrogou. Fiquei com medo.

– O que ele perguntou? – Silas quis saber.

– Como estava seu pai, quem era o filho vivo, como está a fazenda. Eu respondi que não tinha ordem para falar. Seu tio foi estúpido comigo, gritou, disse que empregado dele não respondia assim. Pensei que ia me surrar. Aí ele mudou o tom de voz e perguntou novamente: "João está bem?". Respondi: "Sim, senhor, está muito bem, forte e sadio". "Qual filho dele está vivo?". "Silas", falei. "Aquele aleijado?", perguntou ele. Não respondi, estava apavorado, tremia, mas ele não fez mais perguntas, me entregou um envelope e disse: "Aqui está a resposta. Pode ir embora". Peguei a carta, saí apressado e voltei para cá o mais rápido que consegui. Senti muito medo desse seu tio!

– Obrigado – disse Silas. – Agora vá descansar.

Silas entrou em casa.

– Maria, vou jantar; depois vou ler as cartas e amanhã você irá buscar as crianças.

– Será que está agindo certo, Silas? – perguntou Maria.

– Quando fazemos algo baseado no que Jesus nos ensinou, acredito que sim. Daqui para a frente vou agir pensando se Jesus estivesse no meu lugar o que ele faria.

– Comparar-se com Jesus é difícil! Foi-nos ensinado que ele é Deus. – exclamou Maria.

– Jesus falava que era filho de Deus e, se temos de seguir algum exemplo, que seja o dele!

E jantou.

Gabriel e Eduardo estavam desde cedo na fazenda e tentaram orientar Silas como este pedira a Deus.

– *Gabriel, darão certo os projetos de Silas?* – perguntou Eduardo.

– *Não pense você que sei de tudo e adivinho o futuro. Talvez pela minha experiência de vida, sei o básico. No momento, Silas agiu do melhor modo possível. Está sendo bondoso e justo com os empregados e com os órfãos. Quando fazemos algo de bom a alguém, outros fazem o mesmo a nós. Por isso, Eduardo, tive permissão de meus superiores na colônia para visitar Silas mais vezes e tentar ajudá-lo sempre que ele rogar a Deus orientação.*

– *Que bom!* – exclamou Eduardo. – *Espero que eu possa vir junto. A permissão foi dada porque ele decidiu acolher os quatro órfãos?*

– *Obtive permissão por muitos motivos, mas também pela decisão dele de acolher as crianças. E você, sempre que for possível, poderá vir comigo. Agora tenho de inspirá-lo a ler as cartas, embora Silas esteja cansado e com sono. O padre virá aqui amanhã e é bom que o vigário encontre tudo como João planejou.*

Gabriel aproximou-se de Silas e pediu:

– *Silas, vá, por favor, ler as cartas!*

O menino falou a Maria que estava na sala:

– Maria, estou cansado e com sono, queria deixar as cartas para amanhã, mas vou lê-las, pode ser que alguma seja urgente e que eu tenha de tomar alguma providência imediata.

– Estou cansada mas não com sono – respondeu Maria. – A morte de Tereza me abalou muito. Trago as cartas para cá e faço companhia a você enquanto as lê. Quer que vá buscá-las?

– Quero. Obrigado.

O menino esforçou-se para ficar acordado e esperou Maria trazer as cartas.

Capítulo Cinco

A Visita

LOGO MARIA VOLTOU, ENTREGOU AS CARTAS A Silas, acendeu outro lampião e sentou-se ao seu lado.

– Vou primeiro abrir a carta do meu tio Bento, irmão de papai – falou Silas.

Ele leu e comentou com Maria:

– Ele somente diz que sente muito, dá os pêsames. Veja, Maria, a missiva dele tem somente sete linhas. Agora vou abrir a do tio Josefo, irmão de mamãe. Maria, você não acredita o que ele escreveu! Disse que sente muito e que Deus foi injusto levando sua irmã em vez de levar a mim [está se referindo ao papai] e que irá à cidade e verificará como se deu o falecimento de Violeta. Disse ainda que não tem intenção de nos visitar nem nos quer como visita.

– Que indelicadeza! – exclamou Maria, indignada. – É por isso que sua mãe não gostava desse irmão. Não ligue, Silas, são duas pessoas insensatas!

– Não ligo, não lhes quero mal, mas também não gosto deles. É melhor que não venham nos visitar e que não nos incomodem.

– E que eles nos esqueçam! – exclamou Maria.

Silas foi abrindo as cartas e lendo-as rápido, sem prestar muita atenção.

– São dos vizinhos e amigos do papai na cidade. Todas dando condolências e oferecendo ajuda. Que gentis! Maria! Esta é a do padre Mateus! Ele vem aqui amanhã!

– Meu Deus! Que vamos fazer?

– Papai, na carta, me orientou sobre a possibilidade dessa visita. Pediu para que fizéssemos o almoço como de costume. Maria, você fará o almoço amanhã?

– Claro! Mas o pato de que ele gosta tem de ficar no tempero a noite toda. Bom, isso não é problema. Vou ao terreiro, pego o pato e o preparo. Será que o padre Mateus não vai querer ver o senhor João? Ele com certeza está vindo para visitá-lo.

– Papai pensou nisso também. Recomendou que Isaías, vestido com seu roupão, ficasse na sacada do quarto dele e acenasse para o padre quando ele chegasse, fosse servido o almoço e que eu lhe desse dinheiro para celebrar missa para nossos mortos. E lhe contasse o que já falamos a todos: que papai emagreceu muito, os cabelos branquearam, que está com a voz rouca, muito abatido, fraco, triste, que o médico recomendou repouso e que não tivesse contato com outras pessoas.

– Será que dará certo? – perguntou Maria.

– Espero que sim. Se convencermos o padre, ele dirá que viu papai e todos acreditarão.

– Vá descansar, Silas – pediu Maria. – Não estou com sono, vou preparar o pato e fazer os doces de que o vigário gosta. Amanhã cedo você prepara Isaías, ensaia como ele fará. E você, concorde com o padre em tudo, entendeu? Tudo o que o vigário falar, escute-o atento e lhe dê razão. Depois não se esqueça de agradecer a visita e de lhe pedir a bênção.

– Estou preocupado e acho que não vou conseguir dormir – queixou-se o menino.

– Vai dormir sim! Amanhã vou acordá-lo cedo. Boa noite!

Silas foi deitar, mas não conseguiu se concentrar nas suas orações, estava preocupado e com medo. O vigário sempre lhe dava um certo receio. Quando o olhava, parecia que estava indagando: "Por que você é feio? Por que é deficiente?".

– Vai dar certo! – exclamou Silas, baixinho. – Tem de dar!

Maria também ficou muito nervosa e agitada, sabia quanto era importante a visita do padre Mateus. Foi com um lampião ao cercado onde estavam os patos, pegou um e o preparou. Logo cedo o colocaria para assar. Fez com atenção os doces, duas receitas diferentes de que o vigário gostava. Foi à adega e verificou se havia vinhos que ele apreciava, suspirou aliviada por tê-los. Era bem tarde quando foi se deitar. Como não estava com sono, deu somente alguns cochilos e levantou-se bem cedo. Fez o café e foi chamar Silas.

– Acorde, menino! Temos de deixar tudo arrumado para a visita do padre.

– Vou fazer minhas orações e já levanto.

– Não fique nervoso – falou Maria torcendo as mãos. – Não devemos ficar agitados, vamos agir naturalmente.

– Muito natural não será possível – respondeu Silas. – Lembro-a de que estamos de luto e muito tristes. E não fique você nervosa! Aja como sempre: comida preferida, a sobremesa, dê a ele doces para levar. Meu pai sabia lidar com o vigário, ele me mandou, escreveu na carta, lhe dar muito dinheiro. Ontem estava indeciso, mas acordei com a certeza de que é isso que tenho de fazer.

– Você tem o dinheiro? – perguntou Maria.

– Temos, sim.

– O melhor então é seguir as recomendações de seu pai. O padre é influente e, se ele desconfiar de alguma coisa, fará o senhor Souza enforcar Isaías. Que Deus nos proteja!

– Vamos fazer tudo direito e dará certo. Já vou tomar café.

Silas tomou o desjejum. As empregadas chegaram e Maria as colocou para limpar as salas.

– Silas – pediu Maria –, leve o desjejum de seu pai e converse com ele.

– É muito cedo para acordá-lo. Logo mais eu levo.

Silas foi à sala ao lado, o escritório de seu pai, fechou a porta, abriu o cofre e separou a quantia que daria ao padre;

colocou-a num envelope, que guardou numa gaveta, fechou o cofre e foi então levar café para seu pai.

– Acorde, papai! Tome seu café e depois vamos ensaiar. O padre virá almoçar aqui.

– O quê?! O padre virá aqui? Ai, meu Deus! Ele vai desconfiar! Por que aceitei isso? Vão me castigar!

– Calma! – pediu Silas. – Já planejamos tudo. Vai dar certo! Maria está fazendo tudo o que ele gosta de comer para agradar-lhe. Ele não virá conversar com você, vai vê-lo de longe. Vamos fazer isso: você colocará o roupão de papai. Quando a charrete dele chegar, você irá para a sacada e de lá o cumprimentará, pedirá a bênção com um gesto e, quando o padre entrar em casa, você entra no quarto e deixa tudo comigo.

– Que Deus nos ajude! Silas, será que não é errado pedir a Deus que nos ajude a enganar alguém que, além disso, é um representante direto Dele? Será que, em vez de nos ajudar, não nos castigará?

– Isaías, somos, todos nós, filhos de Deus. O Pai-Maior é um Ser Perfeito e não faz distinção entre seus filhos por um ser isso e o outro aquilo. Não vamos pensar que estamos enganando, estamos apenas nos defendendo. Entendeu?

– Não, mas não tem importância. Vamos fazer tudo para ele não descobrir. Ensine-me como devo agir.

Silas ensinou e repetiram o gesto muitas vezes.

– Agora vou tomar algumas providências – falou Silas –, e o senhor, papai, faça a barba e troque de roupa. Voltarei aqui antes de a visita chegar para repassarmos mais uma vez.

Silas foi procurar Juvêncio e o encontrou trabalhando.

– Juvêncio, por favor, troque a roupa por uma limpa, a melhor que tem, depois fique na frente de nossa casa. O padre virá almoçar conosco. Preciso de alguém para ajudá-lo a descer da charrete. Papai sempre fez isso, mas está impossibilitado e eu não tenho como auxiliá-lo. Assim que o vigário chegar, ajude-o a descer, tome a bênção e depois tire o cavalo da charrete e lhe dê água e ração. Quando ele quiser ir embora, mando avisá-lo, fique esperando na cozinha, venha rápido, coloque o animal na charrete e deixe preparado um cavalo, pois se ele quiser alguém para acompanhá-lo você irá com ele. Nesse caso, amarre nosso cavalo na charrete, entre nela depois de ajudá-lo a subir e conduza-a. Fale o menos possível e, quando chegar à cidade, ajude-o a descer e faça um pouco de hora, finja arrumar alguma coisa, aperte o arreio do cavalo, olhe seus cascos, algo assim, e discretamente escute o que o padre fala e nos conte depois. Entendeu?

– Sim, menino Silas, vou já trocar de roupa.

A casa, principalmente as salas, estava limpa e tudo brilhava; na cozinha, tudo estava preparado. Silas foi ao seu quarto, trocou de roupa, passou pelo quarto do pai e verificou se Isaías estava arrumado e repassaram novamente o que ele teria de fazer e desceu para esperar a visita na varanda.

"Será que é errado pedir a Deus que nos ajude a enganar alguém?", pensou Silas. "Ah, meu Pai, entenda-nos, não queremos enganar, perdoe-nos se estamos agindo errado. Não quero pecar, mas também não quero ir para o orfanato. Se meus tios brigarem, muitas pessoas vão morrer. Acho que é nisso que devo pensar, estamos nos defendendo. Vou ficar tranqüilo!"

Gabriel enviou fluidos calmantes a Silas e Eduardo curioso indagou:

– *Por que todos estão nervosos com essa visita?*

– *Quando fazemos algo que não está de acordo com as normas que pensamos ser corretas, tememos* – respondeu Gabriel. – *Isaías se passa por João e eles têm medo de serem descobertos. Eles não estão prejudicando ninguém com esse ato, estão realmente se defendendo. Silas é o legítimo herdeiro da fortuna do pai, pois João queria que fosse assim. Agiram certo. Estão se defendendo da ganância dos outros. E o padre tem muita influência. Se ele disser que está tudo certo aqui, todos acreditarão. Ficaremos atentos e deixaremos o ambiente com fluidos agradáveis, mas não vamos interferir. João sabia o que fazia, o vigário não enxerga muito bem e, ao ver Isaías de uma certa distância, com certeza achará que é o proprietário da casa. João foi sempre generoso com a Igreja e agora tem um motivo a mais para fazer essa doação. O padre irá celebrar missas para os mortos.*

Os três – Isaías, Maria e Silas – estavam ansiosos e, quando ouviram a charrete se aproximar, o menino sentiu o coração bater forte e as mãos úmidas tremerem. Aparentava, porém, estar calmo. Juvêncio foi ajudar o padre e fez o que fora ordenado. Silas foi recebê-lo. Beijou a mão do vigário pedindo a bênção e apontou para a sacada. A casa era uma construção comprida. Na frente, havia um pequeno jardim e a varanda, que davam para a entrada das salas. Na sala de jantar, havia dois corredores, um que ia para os quartos e outro para a cozinha. O quarto dos pais era o primeiro da frente do lado esquerdo e o único que tinha sacada com vista para o jardim. Padre Mateus olhou, viu um homem na sacada, sorriu, cumprimentou-o e depois o abençoou.

Silas estava atento. Quando o padre foi subir os degraus para a varanda, o menino olhou para Juvêncio e viu que o empregado estava olhando para Isaías espantado. Isaías entrou no quarto e Juvêncio foi tirar o cavalo da charrete e cuidar dele.

Silas gentilmente levou o padre para o lavabo na sala onde havia água para lavar as mãos. Padre Mateus estava acostumado a essas visitas, conhecia a casa e agiu como sempre fazia nessas ocasiões.

Depois foi com Silas para a saleta na qual Violeta costumava ficar. Maria foi cumprimentá-lo, e serviu refrescos.

– Como está seu pai? – perguntou o padre. – Me pareceu que está bem.

– Está bem, sim senhor – respondeu Silas. – Papai contraiu a doença e sarou. São raras as pessoas que se curam. O médico que cuidou dele recomendou que ficasse acamado. Está magro e sofreu muito com a morte dos nossos entes queridos, seus cabelos branquearam e a seqüela foi a voz, que ficou rouca. Embora tenha se curado, está sendo cauteloso, não quer ter contato com ninguém, teme que ainda possa transmitir a enfermidade. Por isso, pediu para desculpá-lo. Papai queria muito desfrutar de sua agradável companhia, mas achou melhor ficar isolado.

– Seu pai tem razão, meu menino.

O padre o olhou examinando. Silas achou que ele deveria estar pensando: "Com quatro filhos sadios e bonitos, o que ficou foi este feio".

Silas tentou uma conversação, indagando sobre os conhecidos e amigos na cidade. O padre respondeu e depois perguntou:

– O que fizeram com a suicida? João entendeu, não foi? Não poderia vir.

– Entendemos, sim senhor. Nós a enterramos ao pé do morro. Deu tudo certo.

– Afogar-se no açude! – exclamou o padre. – Diga para o João não deixar colocar cruz perto do açude. O melhor é que esqueçam esse episódio desagradável. Se colocar uma cruz, esse pessoal simples do campo vai logo achar que o lugar ficou assombrado e qualquer coisa que virem, uma sombra, árvore mexendo, um animal correndo, acharão que é assombração.

– O senhor é um sábio! – exclamou Silas. – Vou transmitir tudo o que está me falando ao papai.

O padre sorriu e exclamou:

– Você até que é inteligente!

Silas aproveitou para dar-lhe o envelope.

– Senhor, papai mandou dar esta contribuição e pedir que celebre missas para os nossos mortos.

O padre pegou o envelope, abriu e sorriu. Não contou o dinheiro, mas viu que havia uma quantia razoável.

– Diga a seu pai que celebrarei as missas.

– O senhor nos desculpa? Não poderemos ir.

– Entendo e os dispenso. Seu pai deve obedecer às ordens médicas e você, como bom filho, deve cuidar dele.

Maria os chamou para almoçar. O padre sentou-se, como sempre fazia quando os visitava, do lado direito, perto da cabeceira, que era lugar de seu pai. A cadeira do lado esquerdo era o lugar de Violeta, e Silas sentou-se nesta e ficou de frente para o vigário. O padre orou, Silas permaneceu em silêncio e depois almoçaram. Maria os serviu como era de costume. Padre Mateus comeu bem e Silas, aflito, tentou disfarçar, fingindo que também estava apreciando o almoço. O padre tomou vinho; Silas, refresco.

– Como sempre – disse ele gentilmente a Maria –, aqui, no lar de João, come-se muito bem.

– Fizemos os doces para o senhor levar – falou Maria.

– Por favor – convidou Silas –, vamos agora para a saleta onde o senhor poderá descansar um pouquinho e lá tomaremos um café.

Assim que tomaram o café, Silas fechou a janela, saiu discretamente, encostou a porta. O vigário cochilaria por algum tempo.

– Tudo está dando certo, menino Silas – alegrou-se Maria. – O padre Mateus não desconfiou de nada, está agindo como sempre.

– Vamos ficar em silêncio para que ele durma! Vou ver papai.

Silas foi tranqüilizar Isaías.

– Tudo está dando certo, pode ficar sossegado, o vigário está dormindo e quando acordar irá embora.

– Será que ele não vai querer me ver?

– Não creio, ele sabe o que é ficar de quarentena.

– O que é isso? – perguntou Isaías.

– É um período em que o doente tem de ficar isolado.

– Um dia, teremos, o padre e eu, de nos encontrar – Isaías falou suspirando.

– Um problema de cada vez! – exclamou Silas. – Por alguns meses, daremos desculpas de que você quer ficar isolado. Enquanto isso, aprenderá e, quando acontecer esse encontro, você estará agindo como papai.

Silas ficou na sala de jantar, ansioso, esperando a visita acordar. Quando o padre Mateus levantou-se, estava de bom humor, foi lavar o rosto e depois se despediu:

– Já vou, quero retornar à cidade antes que escureça. Menino, agradeça a seu pai e diga que estou orando pela sua recuperação.

– O senhor quer que um empregado nosso o acompanhe? – perguntou Silas.

– Vou aceitar.

Maria correu e avisou Juvêncio e, quando o padre saiu à varanda, a charrete estava pronta e o cavalo que traria o empregado de volta, amarrado à condução. Juvêncio ajudou o padre a subir. Despediram-se. O vigário os abençoou e partiram rumo à cidade.

Silas e Maria somente se tranqüilizaram quando Juvêncio retornou e informou:

– Fizemos a viagem sem conversar, o padre foi cochilando. Deixei-o na frente da casa paroquial; muitas pessoas foram cumprimentá-lo e saber notícias da fazenda e do senhor João. Como você me pediu, fiquei disfarçando: primeiro, peguei os doces sem pressa na charrete e dei à empregada do vigário; depois, fiquei arrumando o arreio do cavalo. O padre contou que viu o senhor João, que o abençoou e que, embora magro, e com os cabelos embranquecidos, ele está muito bem e que na fazenda tudo está em ordem. Acho que ele repetiu essas notícias muitas vezes. O empregado dele levou a charrete para dentro e eu então vim embora.

Maria suspirou e entrou na casa. Silas ia entrar também quando Juvêncio o chamou:

– Diga-me uma coisa, menino Silas, se por um acaso o senhor João tivesse morrido, o que aconteceria?

Silas lembrou então que, quando Juvêncio viu Isaías na sacada, assustou-se e ficou admirado. Preferiu ser sincero com aquele empregado de muitos anos. Respondeu vagarosamente:

– Primeiramente eu ficaria órfão, completamente sozinho. Sendo menor, meus dois tios, Josefo e Bento, iriam querer ser meus tutores, não por amor a mim, mas pelo dinheiro, pela fazenda. Com certeza, iriam brigar e provavelmente haveria morte. E a primeira providência seria se desfazerem de mim. O destino de órfãos menores de idade quando não são aceitos por parentes é o orfanato, e eu, como uma pessoa deficiente, iria com certeza para um asilo de doentes.

– Deus nos livre de isso acontecer! Ainda bem que isso não ocorreu, não é? – exclamou Juvêncio.

– Ainda bem! – exclamou Silas, olhando-o.

Juvêncio também o olhou e disse convicto:

– Menino Silas, defenderia com a minha vida esta fazenda a que têm direito, você e o senhor João.

– Entendi, Juvêncio, e quero muito sua ajuda. Obrigado!

Juvêncio afastou-se e Silas entrou na casa. Teve a certeza de que o empregado de tantos anos sabia da troca e isso o deixou mais tranqüilo. Estava dando certo. Aliviado, orou agradecendo. Depois pediu a Maria:

– Maria, vá com Bernadete e Sara buscar as crianças de Tereza.

Aguardou na sala.

"Hoje é vinte e oito", pensou, "dia do meu aniversário. Estou fazendo catorze anos. Ninguém lembrou. Também, ficamos tão aflitos! Acho que somente Maria poderia lembrar. Não estou com vontade de comemorar nem de receber cumprimentos. Com certeza os outros aniversários serão melhores."

Suspirou acomodando-se na poltrona preferida de sua mãe.

CAPÍTULO SEIS

LAR PARA ÓRFÃOS

JÁ ESTAVA ESCURECENDO QUANDO AS TRÊS EMPREgadas entraram na casa pela porta da cozinha com as quatro crianças. Silas foi recebê-las. Três delas se esconderam atrás da saia de Maria. Estavam assustadas, com medo e olhavam desconfiadas para Silas.

– Como estão vocês, crianças? – perguntou Silas sorrindo. – Já jantaram? Vamos comer?

– É melhor dar um banho neles – disse Maria –, estão muito sujos.

Eles estavam realmente sujos e despenteados. A menorzinha pôs-se a chorar.

– Venha cá, meu bem – falou Silas carinhosamente. – Vou dar um biscoito para cada um, depois irão tomar banho, iremos jantar e, em seguida, acompanharei vocês para o quarto onde dormirão tranqüilos. Vou lhes dar brinquedos! Como vocês se chamam? Eu sou Silas.

O menino maior respondeu:

– Chamo-me Moacir, esta é Inês – mostrou a menorzinha, que parara de chorar para comer o biscoito –, e esta é Irene.

– E eu sou o Romeu!

Maria e Bernadete foram dar banho neles, primeiro lavaram os meninos, depois as meninas. Silas ficou esperando na cozinha. Sara, que preparava o jantar, comentou:

– Menino Silas, trouxemos somente algumas roupas. Elas possuíam poucas e estavam velhas. A casa de Tereza estava uma bagunça. Eles tinham poucas coisas e estragadas. Não sei se algum empregado vai querer algo de lá. Maria disse que quem quisesse que pegasse e o resto que queimassem.

Ao ver as crianças limpas, Silas se admirou.

– Como vocês estão bonitos de cabelos penteados! Sentem-se aqui, vou ajudá-los a comer.

Maria colocou comida nos pratos e ele os auxiliou a se alimentarem porque estavam comendo com a mão.

– Vamos comer com a colher, não suja a mão – disse Silas.

Jantou com eles na cozinha, conversou com as crianças, agradou-as e logo os quatro estavam mais tranqüilos.

"Crianças sentem quando são queridas!", pensou Maria.

– Agora vamos para o quarto – convidou Silas.

Bernadete e Sara fecharam a casa e foram embora e as crianças foram com Maria e Silas para o quarto ocupado por ele anteriormente.

– Vão dormir os quatro juntos, como faziam na casa deles e na mesma cama, pois ela é grande, de casal. Vamos encostá-la na parede e colocar duas cadeiras para não caírem. Maria, poderão se sujar, mas irão tomar banho todas as tardes e colocar roupas limpas; vamos educá-los aos poucos.

As crianças olhavam tudo admiradas. Silas deu um brinquedo para cada uma e prometeu:

– Se se comportarem direitinho, vão ganhar mais!

E foi brincar com eles, que logo começaram a rir. Percebendo que estavam com sono, acomodou-os na cama.

– Agora vamos orar. Vocês sabem rezar? Não? Então eu falo e vocês repetem: "Menino Jesus, nos proteja e abençoe! Que nós sejamos felizes aqui. Agradecemos ao Papai do Céu por tudo!" Agora vamos mandar um beijo para o papai e a mamãe.

Silas beijou-os e cantou uma canção de ninar. Cansados e acostumados a dormir cedo, eles adormeceram.

Silas e Maria saíram do quarto.

– Quantos anos têm essas crianças, Maria?

– Moacir, o mais velho, vai fazer seis anos. Romeu tem quatro, Inês vai fazer três e a caçulinha Irene tem um ano e dez meses.

– Vou deixar a porta do quarto deles aberta; se chorarem, eu ou você escutaremos e viremos vê-los. A vela que está em cima da cômoda, no alto, deve ficar acesa. Vou dar boa-noite ao papai.

Silas encontrou Isaías preocupado.

– Menino – disse ele –, acho que corremos perigo! Se descobrirem, serei enforcado!

– Não vão descobrir nada! Se enganamos até o padre, enganaremos a todos. Você poderá andar pela casa agora, brincar com as crianças de Tereza, ficar na sacada e na varanda.

– Não será perigoso?

– Não. Cumprimente os empregados como meu pai fazia. Você se lembra? Era "bom-dia" ou "boa-tarde". Papai sempre dizia o nome do empregado. E se perguntarem como está, responda: "Com a graça de Deus, estou melhor". Assim você não ficará tanto neste quarto.

– Silas, Juvêncio nos conhece bem, a mim e ao senhor João. Era meu amigo e conversávamos muito. Será que nem ele desconfiará?

– Não, Isaías. Hoje ele o viu e comentou comigo que o senhor João está como sempre, só que mais magro.

– É mesmo?! Se Juvêncio achou isso, todos acharão! – exclamou Isaías, suspirando aliviado.

– Vamos dormir. Amanhã cedo chegarão os trabalhadores e vou começar aumentando o açude e embelezando-o.

Silas, preocupado com as crianças, levantou-se duas vezes à noite para olhá-las. Elas dormiam tranqüilas.

O jovem levantou-se muito cedo, Maria preparou seu desjejum e ele deu ordens.

– Maria, cuide você das crianças e divida as tarefas da casa com Bernadete e Sara. A costureira deve vir também. Vamos fazer primeiro roupas para as crianças e ajustar algumas para papai.

Os trabalhadores chegaram, Silas foi recebê-los e, como seu pai fazia, combinou primeiro o salário e depois explicou:

– Vocês estão aqui para fazer alguns consertos na fazenda. Vamos reformar as casas dos empregados, mas primeiro mexeremos no açude.

– Iremos fazer uma cruz para colocar aqui – disse um empregado.

– Não, não vamos colocar cruz aqui. Se vocês quiserem fazer uma, será para pôr no local onde Tereza foi enterrada. O açude será um lugar útil e bonito. Vamos cavar para aumentá-lo.

Silas mostrou num papel o desenho que ele fizera e explicou com detalhes aos trabalhadores.

– Vamos cavar e tornar esta parte mais funda. Aqui colocaremos bancos, plantaremos árvores, vou colocar peixes e daqui a alguns meses poderão pescar. Perto da nascente dessa pequena bica d'água, vamos fazer buracos redondos, serão três, e plantaremos árvores em redor da nascente e em volta do seu escoamento.

– Posso perguntar o porquê disso, menino Silas? – indagou Juvêncio.

– Li num livro de estudo que árvores perto das nascentes e ao lado do escoamento protegem suas águas. Esses buracos que vamos fazer armazenarão águas das chuvas fazendo a terra ficar úmida e impedirão que a nascente seque em época de grandes estiagens. Logo entraremos no período de chuvas, nosso reservatório ficará cheio e, para não prejudicar nossos vizinhos que usam da nossa nascente, continuaremos a desviar suas águas para abastecê-los. Quero tudo pronto para quando as chuvas vierem e encherem nosso açude. Vamos plantar árvores ao seu redor em nossa terra.

Os trabalhadores se alojaram no galpão; iam para a cidade no sábado à tarde e só retornavam na segunda-feira. Abriram os dois buracos e, para fazer o terceiro, tiveram de arrancar árvores, que foram tiradas com cuidado e replantadas ao lado do açude. Aprofundaram o açude, colocaram bancos, plantaram outras mudas de árvores. Os empregados fizeram uma cruz, que foi levada para a sepultura de Tereza. Quando acabaram, Silas ordenou que consertassem o galpão.

Gabriel, como programara, estava sempre que lhe era possível na fazenda e perto de Silas. E Eduardo vinha muito com ele. E, numa dessas visitas, Eduardo perguntou curioso:

– Gabriel, não vi Tereza por aqui, para onde ela foi levada?

– Não foi possível desligar Tereza da matéria física morta. Ela está junto do corpo.

– Que horror! No escuro? No frio? E com o corpo apodrecendo? Vamos ajudá-la! Por favor!

– Eduardo, quem se suicida comete um erro grave contra o corpo físico que lhe foi emprestado para viver encarnado durante um período. Tereza era perseguida por espíritos que não a tinham perdoado. Ela se afinou com eles, isto é, escutou-os. Embora não seja determinado um tempo para o fim dos padecimentos de quem comete suicídio, a pessoa sofre muito. Ela acha que seus problemas são muito grandes e, com esse ato imprudente, os aumenta. E quando o remorso vem, a dor é profunda. Não pense você que Tereza ficará desamparada. No momento em que os socorristas que trabalham em auxílio a

suicidas acharem ser o certo, eles a desligarão e ela será levada para um local onde receberá orientação e tentarão ensiná-la a dar valor à vida, esteja ela em que estágio estiver, físico ou espiritual. Tereza, espírito rebelde, já errou muito no passado, fez inimigos que não a perdoaram porque ela não lhes pediu perdão. Agora esses espíritos, vendo-a sofrer assim, afastaram-se e irão cuidar deles, já não a odeiam, porque a viram sofrer, mas isso não lhes deu alívio. Quem odeia, pensa que será feliz vendo seu desafeto sofrer, mas isso não acontece. Aquele que paga o mal com o mal, se torna mau e as ações erradas somente o prejudicarão. Oremos por Tereza, espero que logo ela compreenda seu erro, peça perdão, queira ajuda e então será socorrida.

– *Ela pode vir aqui na fazenda quando for desligada do seu corpo carnal?* – quis Eduardo saber.

– *Não* – respondeu Gabriel. – *Quando ela for desligada, será levada para um local próprio para os suicidas. Ela saberá notícias dos filhos, mas não terá permissão para vê-los. Quando isso ocorrer, terão se passado muitos anos.*

– *Gabriel, como estão o senhor João, dona Violeta e os irmãos de Silas?*

– *Todos foram socorridos, e a família do senhor Manoel também. Para que se sentissem bem, todos foram levados para a mesma colônia, para uma mesma casa. As crianças passam o dia num educandário, local próprio para aqueles que desencarnaram no período infantil. Os adultos estão se adaptando e aprendendo a viver desencarnados.*

– *Eles não se preocupam com os que ficaram encarnados?* – perguntou Eduardo.

– *Claro que sim!* – respondeu Gabriel. – *Eles têm orado muito para que estejam bem. João é uma pessoa boa, agiu certo quando esteve encarnado e fez boas obras, ele sabe que tenho tentado ajudar Silas.*

Isaías, que agora era João, passou a ficar mais na sacada, depois na varanda e ia ver os trabalhos, falava pouco, cumprimentava os empregados imitando seu antigo patrão. Houve comentários que o senhor João estava estranho, mas foram convencidos com os argumentos de Juvêncio.

– Vocês acham que com tantos sofrimentos nosso patrão continuaria a ser como antes? Veja o que aconteceu com Tereza, ela enlouqueceu com a perda do marido. O senhor João amava dona Violeta. Além de viúvo, foram quatro filhos mortos. Vocês já imaginaram se isso acontecesse com vocês? Depois, o senhor João tinha ficado doente e sarado e, como todos nós sabemos, são poucos os que saram dessa enfermidade, e ele ficou com seqüelas. Mas logo o senhor João estará melhor.

E Isaías, semanas depois como João, passou a andar pela fazenda, a ver as reformas, isso o distraía.

– Por que, Silas, você mandou consertar o galpão primeiro? – perguntou Isaías.

– Não sei bem o porquê. Senti muita vontade. Acho mesmo que quero tirar qualquer impressão que ficou com a morte de Tereza. Ela foi velada lá.

Os quatro órfãos se acostumaram logo na nova residência. Eram bonzinhos, obedientes, tomavam as refeições na cozinha e aprenderam rápido a ter bons modos. Luzia, uma costureira, veio, fez roupas para as meninas, reformou as dos irmãos menores de Silas para os garotos e apertou algumas para João.

Foi então que receberam notícias de que algumas pessoas estavam doentes na cidade. E que um filho do melhor amigo de seu pai, que estudava numa cidade maior, havia falecido. A filha e a neta de um outro conhecido, residente na cidade, também morreram.

Os empregados da cidade pediram ao senhor João:

– Deixe-nos vir com nossas famílias para cá. Ficaremos no galpão, a cidade está perigosa. Todos os fazendeiros que moram na cidade vieram para o campo.

Isaías olhou para Silas, este concordou discretamente com a cabeça, então ele respondeu:

– Podem vir, mas que seja logo.

Dois homens que faziam os serviços extras havia anos na fazenda pediram para morar nas casas desocupadas e ser empregados fixos. Isaías novamente olhou para Silas, que concordou, seu pai os conhecia e gostava deles. Isaías então falou:

– Vocês dois que me pedem emprego estão contratados. Vão hoje para a cidade e tragam suas mudanças e ocupem as casas vazias. Temos espaço no porão de nossa casa, que pode após uma boa arrumação ter espaço suficiente para abrigar a família da casa que for consertada. Vamos fazer esses consertos com rapidez.

Naquele dia, foi uma correria. O galpão abrigou cinco famílias e os dois empregados se mudaram. Mas à noite estavam todos acomodados.

À noite, Silas pegou as cartas de condolências que havia recebido na ocasião do retorno de João, que na realidade era Isaías, e as leu. Copiou alguns trechos, imitando a letra de seu pai e escreveu ao conhecido cuja filha e neta haviam falecido. E para o amigo de seu pai, escreveu uma longa carta; além de ter copiado, fez a maioria do texto pedindo a ele para ter fé e superar o sofrimento.

No outro dia cedo, Silas pediu que um empregado as levasse à cidade. O empregado retornou com a notícia de que os moradores estavam apavorados. Trouxe uma missiva do padre Mateus.

Silas leu a carta do padre Mateus. Ele se despedia. Informava que alguns padres haviam falecido e que fora chamado para ser pároco em uma cidade maior. Que já tinha celebrado as missas encomendadas e não ia esquecer de orar por toda a família.

Silas deu a notícia a Maria e Isaías e comentou:

– Isso é uma notícia boa para nós no meio de tantas desgraças. Padre Mateus era uma pessoa que poderia desconfiar da troca que fizemos. Preocupava-me também com esse amigo de papai, mas agora que seu filho morreu, a dor com certeza o fará se isolar, não se interessar por problemas alheios. Com tantas aflições, preocupações na cidade, ninguém se interessará em saber se papai mudou muito ou não. Depois, Isaías, você está aprendendo rápido.

– Estou me esforçando, menino Silas – respondeu ele. – Tudo que nos aconteceu e ocorre é muito triste. Quero fazer tudo direito, porque sei que se for denunciado, serei condenado e todos aqui na fazenda irão sofrer.

Silas proibiu todos os empregados de irem à cidade. Ninguém deveria sair da fazenda. Se estivessem isolados, não seriam contaminados. E os consertos foram feitos. As casas todas estavam reformadas. As chuvas vieram e encheram o açude e os buracos, as árvores ficaram vistosas e as novas mudas cresceram. Não havia mais ninguém doente na cidade, e os trabalhadores extras com suas famílias voltaram para seus lares. Juvêncio foi à cidade saber das notícias e voltou com os nomes de todos os que haviam falecido.

– Vou escrever as cartas de condolências – decidiu Silas.

– Menino Silas – informou Juvêncio –, há na cidade doze crianças órfãs que estão na casa paroquial esperando para serem levadas a algum orfanato. Mas me disseram que os orfanatos estão lotados.

– Doze? São pequenos? – perguntou Silas com dó.

– A mais velha tem doze anos. São filhos de pobres, cujos pais faleceram. Morreram muitas crianças com essa doença.

Silas foi para seu quarto e escreveu as cartas, mas estava inquieto. Mesmo brincando com as quatro crianças, estava triste e falava nos dozes órfãos a todo momento.

– Que está pensando em fazer, Silas? – perguntou Maria. – Será que quer trazer essas doze crianças para cá?

Se for isso, eu aprovo – disse Isaías.

– Vocês estão delirando? – indagou Maria.

– Não – respondeu Isaías. – Eu mudei. Acredito que o sofrimento modifica as pessoas. Você não sabe, Maria, como sofri vendo minha filha, genro, netos e depois meus dois filhos morrerem e eu ali sem poder fazer nada. Acho que, se meu corpo tivesse queimado e ficado em carne viva, não sentiria tanto. Sofro muito ainda. A saudade dói. Essas crianças, os quatro filhos de Onofre, estão felizes aqui. Suas risadas são como bálsamo ao meu coração ferido. Vendo Silas cuidar de tudo com justiça, tenho certeza de que agi certo em fazer o que o senhor João me pediu. Sou um ignorante, mas compreendi que, quando enxugamos as lágrimas de outros, Deus suaviza nossas dores. Esses doze órfãos devem estar com medo, sofrendo a ausência dos pais.

Silas abraçou Isaías. E Maria sorriu e perguntou:

– Onde vamos alojá-los?

– Maria, amanhã você irá com Juvêncio e outro empregado em duas charretes buscá-los. Acomodaremos as meninas no quarto que era dos meus irmãos e os meninos nos quartos de hóspedes. E se houver algum nenê, posso colocar para dormir com você?

– Pode! – respondeu Maria.

– Silas – disse Isaías –, quero e vou ajudar você a cuidar dessas crianças. Vou me distrair brincando com elas. Farei algo de útil!

– Maria – recomendou Silas –, se, na cidade, alguém perguntar o porquê de estarmos trazendo os órfãos, responda que é porque queremos ajudar. Iremos abrigá-los até que seja encontrado um local para ficarem.

Silas foi dar as ordens para Juvêncio, que escutou sorrindo e comentou:

– Menino Silas, existe agora mais um motivo para defender este lugar: o lar dos órfãos! Por tantas coisas boas que estamos fazendo, Deus levará em conta e nos ajudará. Nada de mal nos atingirá!

– Juvêncio – disse Silas –, não devemos fazer nada com intenção de receber algo em troca. Essas crianças devem estar sofrendo e é bom aliviar o sofrimento de alguém. Por isso é que se diz: tudo que fazemos ao próximo, fazemos a nós. E uma ação caridosa sempre nos dá uma preciosa lição. Auxiliar é treinar para nos tornarmos pessoas boas.

– Não entendi! – exclamou Juvêncio.

– Acho que nem eu! – admitiu Silas, sério. – Mas tenho certeza de que não se poder fazer o bem para receber uma paga. É nossa obrigação ajudar.

Juvêncio afastou-se. Silas sentou-se num banco perto do açude e pensou:

"Não sei como ou por que tenho, às vezes, pensamentos diferentes ou falo algo em que ainda não havia pensado. Começo a falar e saem conceitos como os que ainda há pouco disse ao Juvêncio. Mas o que falei creio ser o certo. Ser bom, fazer o bem, é obrigação que não pode querer retribuição. Nossa casa está sendo moradia de órfãos começando por mim: sou órfão! Mas não devo, não devemos, fazer nada esperando algo, ainda mais em troca. E essa troca seria para que não descobrissem a fraude, que Isaías não é João? Deus, eu não quero fazer isso! Quero somente que aqui, neste lar em que sou um abrigado, possamos abrigar outros e que juntos possamos ser felizes!"

Silas foi verificar como Isaías e Maria estavam preparando a casa e concluiu:

– Vamos ter de fazer mais camas!

Gabriel e Eduardo visitavam a fazenda. Eduardo, vendo seu instrutor sorrir contente, indagou-lhe:

– *Ficou alegre com a decisão de Silas?*

– *Fiquei. Essas crianças terão aqui abrigo e orientação.*

– *Escutei Silas pensando* – falou Eduardo. – *Por que ele age assim? Maria diz que ele é muito adulto para sua idade. Silas tem compreensão de muitas coisas. Vimos que nem ele mesmo entendeu o que expressou.*

– *Silas* – explicou Gabriel – *esteve conosco no plano espiritual por muito tempo e estudou bastante. E em suas vivências passadas já compreendia e colocava em prática os ensinamentos de Jesus. Ao reencarnarmos, esquecemos, mas fica a compreensão dos principais objetivos do que planejamos para nós e que, em determinados momentos, podem vir à tona. Tanto que, ao aconselharmos alguém tentando com sinceridade ajudá-lo, achamos soluções para as nossas dificuldades. Presenciamos Silas tentando orientar Juvêncio porque o empregado acha mesmo que trazendo os órfãos para cá, Deus terá obrigação de ajudá-los e que ninguém descobrirá que Isaías não é João.*

– *E será descoberta essa troca?* – perguntou Eduardo curioso.

– *O que sei eu? Não sou adivinho! Nós, por estarmos desencarnados, não sabemos mais que os encarnados. Às vezes, somente deduzimos ou sabemos de algumas intenções, boas ou más das pessoas. Não sei o que acontecerá no futuro. Nós dois tivemos permissão dos nossos superiores para auxiliá-los e tentar que, por enquanto, Isaías continue a se passar por João.*

– *Não devemos fazer nada esperando recompensa?* – perguntou Eduardo.

– *Não, Eduardo, não devemos fazer bem algum esperando ou julgando receber algo por isso. Devemos entender que temos de agir corretamente, não fazer maldades com medo de castigos e nem agir certo por prêmios.* – Gabriel fez uma pequena pausa, suspirou e voltou a elucidar: – *Nada que temos é nosso. Tudo pertence a Deus. Até o nosso corpo físico, que volta a ser pó. Erroneamente, muitos se julgam donos das coisas de Deus e se apegam a elas. E esse apego se dá também com as ações que se fazem, sentem-se donos de benefícios e cobram gratidão dos beneficiados. É muito perigoso se sentir credor pelo bem feito e achar que até Deus lhe deve algo; julgar-se merecedor do céu, de um lugar privilegiado no plano espiritual, de que tudo lhe seja facilitado e que nada de ruim possa acontecer e que nem doentes podem ficar. Todos nós temos obrigação de fazer o bem. Quando tivermos feito tudo o que deveríamos fazer de bom, devemos dizer: somos servos inúteis*[1]*. Cumprimos somente com o nosso dever. Nenhuma recompensa merecemos por isso. Se esperamos algum pagamento, é troca. Querer receber pelo bem realizado é ser apegado ao merecimento, e o bem deve ser feito sem intenção nenhuma, realizado com amor. É egoísmo fazer o bem e querer recompensa. Devemos abolir essa forma de pensar que merecemos algo por ter cumprido nossa obrigação. Jesus nos*

1. Gabriel citou com os dizeres dele o texto do Evangelho de Lucas, 17: 10. "Somos servos inúteis, fizemos o que deveríamos fazer." (Nota do Autor Espiritual)

deu um exemplo quando ensinava, citando dois homens que foram orar[2]*. Um orava agradecendo a Deus por não ser como o restante dos homens, que ele fazia tudo o que lhe fora ensinado. Julgava-se virtuoso! E não voltou para casa justificado. Não se deve se julgar melhor que os outros por cumprir obrigações. Ao fazermos o bem, porém, atraímos afins para perto da gente. Nós dois tentamos fazer nossas obrigações e sabemos que ainda somos servos inúteis. E se aprendermos a fazer o bem sem intenção alguma de privilégio, e com amor, seremos bons um dia. E, aqui, estamos ajudando numa tarefa para a qual fomos designados. E Silas está nos dando um exemplo trazendo esses órfãos para cá. Faz isso somente com a intenção de evitar que eles sofram, e de fazê-los felizes.*

E antes do almoço chegaram os doze órfãos, todos assustados e foram bem recebidos. Isaías-João e Silas cumprimentaram um por um, perguntando seus nomes, filhos de quem eram, os abraçaram e os agradaram.

Passaram uns dias quietos, tristes, mas logo se sentiram protegidos e passaram a se alimentar melhor e a brincar. Luzia lhes fez novas roupas. Maria e Silas os ensinaram a rezar, a ter bons modos, a se banhar e a se alimentar com talheres.

E a casa voltou a ser movimentada, barulhenta, e as risadas das crianças, a alegria espontânea delas contagiaram Isaías, Silas e Maria.

2. Lucas, 18: 9 a 14. "O fariseu e o publicano." (N.A.E.)

Capítulo Sete

Anos Tranqüilos

JUVÊNCIO CUIDAVA DA FAZENDA, SILAS O AJUDAVA. Os buracos abertos perto da nascente realmente deixaram a terra úmida, aumentando o volume d'água em época de estiagem. Isaías, que a partir de agora iremos chamar somente de João, andava pela fazenda, galopava com seu cavalo, conversava com alguns empregados e brincava muito com as crianças. Silas passou a ensinar os órfãos a ler e a escrever, tornou-se professor. Ele não se esqueceu de seus entes queridos, nem de João, mas com tantas coisas para fazer e com a alegria das crianças a saudade já não o machucava tanto.

Numa tarde, chegou à fazenda um mensageiro vindo de longe. Trouxe para João uma carta de Elisa, uma das filhas do senhor Manoel. Silas acomodou o mensageiro no galpão e pediu que descansasse e se alimentasse.

Entrou no seu quarto e foi ler a carta. Na missiva, Elisa contava que ficara somente ela e uma irmã e, como ele lhe aconselhara [referia-se a João], casou-se, mas estava com muitos problemas e pedia ajuda. Reclamava que o marido não tinha tino para os negócios, os quais estavam muito ruins. Que as duas, Elisa e a irmã, necessitavam de dinheiro para pagar algumas dívidas e para ter capital para fazer funcionar a empresa. Contava também que a irmã queria casar com um empregado do pai. Rogava por conselhos.

Silas leu e releu a carta. Depois orou rogando a Deus que o orientasse como resolver as dificuldades daquelas duas órfãs, filhas do senhor Manoel.

Junto com o mensageiro, vieram o senhor João e o senhor Manoel em espírito, preocupadíssimos com as mocinhas. Foram recebidos por Gabriel e Eduardo.

– *Não se pode confiar nesse mensageiro* – explicou Manoel a Gabriel.

– *Vou tentar instruir Silas, já que ele roga a Deus orientação. O que vocês querem que nosso garoto faça?*

– *Tenho muito orgulho desse meu filho* – respondeu João. – *Olha, Manoel, observe a irradiação linda que ele tem! Gabriel, peça-lhe, por favor, que escreva uma carta dizendo que João irá lá para ajudá-las logo que for possível, que a entregue ao mensageiro e dispense-o. Depois, que mande Juvêncio com mais empregados levar orientações que vamos deixar com você a elas e que nosso menino mande-lhes uma barra do nosso ouro.*

Gabriel aproximou-se de Silas.

– Silas, esse mensageiro não é confiável, escreva uma carta dizendo a Elisa que João está indo para lá.

Silas recebeu a intuição. Escreveu a carta, foi para o galpão e conversou com o mensageiro:

– Você trocará de cavalo. Deixará o seu aqui, que está cansado, e irá com outro mais novo e forte. Levará esta carta para a filha do senhor Manoel. Poderá partir amanhã?

– Sim, senhor, amanhã já estarei descansado. Dona Elisa falou que era o senhor João quem me pagaria.

– A troca do cavalo já é um grande negócio, mas aqui está seu pagamento. Espero que não pare muito pelo caminho e retorne logo.

Silas voltou para casa, sentou-se na poltrona preferida de sua mãe e ficou pensando:

"Parece que fiz o certo, esse mensageiro não me pareceu ser honesto. Mas como ajudar a filha do grande amigo de papai? Que poderei fazer por elas? Eu não posso ir lá. Não posso deixar a fazenda sem controle, teria de ir de carruagem e demoraria muito. Não agüento uma viagem a cavalo. Depois não entendo nada dos negócios deles. Deus, eu lhe peço, permita que quem me deu a idéia que a complete, por favor! Vamos ver: se eu não posso ir, nem João, poderei mandar outra pessoa. Dinheiro é fácil! Certamente meu pai iria querer ajudar Elisa e que eu a auxiliasse por ele. Posso mandar barra de ouro. Ela venderá. Juvêncio! Nele eu posso confiar. Mas ele não poderá ir sozinho, é perigoso. Vou pedir a ele para escolher dois homens bons para acompanhá-lo. O que escrevo a ela? Vou fazer isso amanhã.

Não sei bem o porquê, mas sempre tenho boas idéias quando acordo. Vou orar bastante e com certeza amanhã saberei o que escrever a Elisa".

Quando Silas dormiu, Gabriel afastou Silas de seu corpo físico e ele viu seu pai e o senhor Manoel. Abraçaram-se emocionados e os três choraram.

– *Meu filho! Você tem conduzido tudo muito bem!*

– *Papai, tenho sofrido muito! Mas onde estão mamãe e meus irmãos?*

– *Estão todos bem* – respondeu João. – *O céu, o lugar em que moramos agora, é bonito e estamos juntos. Sua mãe e irmãos lembram-se de você com carinho e oram para que esteja bem. Tivemos permissão, Manoel e eu, para vir aqui conversar com você. Manoel está com problemas e você pode ajudá-lo. Dê uma barra de ouro a Elisa, escreva a ela para deixar a irmã casar com o rapaz que escolheu e que ele a ajude na administração. Aconselhe Elisa a tomar conta de tudo.*

– *Papai, o senhor queria mesmo que Isaías ficasse em seu lugar? Enchemos a casa de órfãos.*

– *A alegria volta a esse lar com as crianças. Se Isaías não tivesse tomado meu lugar, o cenário seria outro. Foi a melhor coisa que fiz por você. Amo-o!*

Emocionaram-se muito. Gabriel os afastou e Silas retornou ao corpo físico.

– *Agora podem ir embora* – pediu Gabriel. – *Vão sossegados, Silas fará o que vocês pediram.*

Os dois agradeceram e voltaram para a colônia onde estavam abrigados.

Silas acordou de manhãzinha; depois que tomou seu desjejum, despediu-se do mensageiro. Resolveu algumas questões com Juvêncio, deu lição para às crianças, foi para o quarto e escreveu uma longa carta a Elisa com a ajuda de Gabriel. Escreveu como se fosse o pai. Incentivou-a, aconselhou-a a deixar que a irmã se casasse com quem amasse e que investisse no moço escolhido pela irmã, convidando-o a ajudá-la na administração. Que ela, Elisa, tomasse a frente dos negócios, e fosse discreta, porque mulheres não trabalhavam fora de casa, mas para ir mais vezes à empresa e levar para casa o que tinha de fazer. E, sem entender bem, aconselhou-a a tomar certas atitudes nos negócios. Não questionou o que escreveu, o fez confiando. Disse que estava impossibilitado de ir porque se encontrava doente, mas estava mandando duas barras de ouro para que ela as vendesse, saldasse as dívidas e tivesse capital para investir. Que o ouro era presente de casamento para ela [Elisa] e para sua irmã.

– *Não foi uma barra de ouro que João lhe pediu para mandar?* – perguntou Eduardo ao Gabriel.

– *Foi, mas a generosidade do Silas é maior. Tudo aqui está sob sua administração e ele faz o que quiser.*

– *Administração? Pensei que fosse tudo dele!* – exclamou Eduardo.

– *O que é nosso de fato, Eduardo? Objetos materiais que temos comprovação por escrituras? O corpo físico? Tudo que um dia temos de deixar não nos pertence! Tudo é de quem?*

– *De Deus!*

– *Sim, tudo é de Deus!* – esclareceu Gabriel. – *Podemos por um período ser administradores das coisas de Deus, e quando nos cabe fazer isso, devemos ser cautelosos e fazer o que nos compete da melhor maneira possível sem esquecer que esses objetos materiais não nos pertencem. Cuidar do corpo físico, higienizá-lo, alimentá-lo para viver encarnado é obrigação, mas ele volta à natureza, que o emprestou a nós. Nada nos pertence e quem se ilude e se apega aos bens de Deus pensando serem dele, a eles fica preso. Espero que Silas compreenda isso e se torne um bom administrador.*

Silas fez um pacote bem-feito e à tarde procurou Juvêncio e lhe pediu:

– Juvêncio, aquele mensageiro trouxe uma carta de Elisa, uma das filhas do senhor Manoel, amigo de papai. Ela também ficou órfã. Da família grande, ficaram somente ela e uma irmã. Estão as duas passando por muitas dificuldades e por isso pediu auxílio ao papai. Mas ele não pode ir, não tem condições de viajar, e eu também não. Queria lhe pedir para levar a ela algo de valor. Não confiei naquele mensageiro. Você nos faz esse favor?

– Faço sim. Quando quer que eu vá?

– Depois de amanhã. Elisa precisa receber isso logo. Se esse mensageiro não for honesto como senti, não dará tempo de ele fazer uma emboscada, pensará que papai irá demorar a se preparar para a viagem. Vá com dois empregados em quem você confia. Faça a viagem sem muitas paradas, entregue o pacote a Elisa, descanse e volte.

E assim foi feito. Quando Juvêncio chegou à cidade, o mensageiro havia entregado a carta algumas horas antes. Elisa hospedou os três e, no outro dia, voltaram com cartas das duas agradecendo e afirmando que iriam seguir os conselhos.

Silas ficou com três barras de ouro guardadas e esperava usá-las para espalhar benefícios. Sentiu, ao ler as cartas, gratidão, que lhe deu alegria. Mas não foram somente as duas a abençoá-lo, recebeu energias benéficas de Manoel e esposa. E, no decorrer do tempo, Elisa e a irmã escreveram dando notícias, elas tinham conseguido se reerguer financeiramente e estavam felizes. Com os anos, as cartas foram escasseando.

O amigo de João, cujo filho faleceu, pediu-lhe para ir visitá-lo. Silas respondeu à carta dizendo que era impossível, pois estava traumatizado e bastava falar em morte para ficar nervoso e chorar e que não podia recebê-los na fazenda por causa das crianças. Silas lia as cartas para João, omitindo alguns trechos. Somente ele sabia da existência do segundo cofre, das barras de ouro e de algumas jóias.

Depois de um ano e seis meses que o padre Mateus havia partido, foi que chegou à cidade outro vigário. Padre José, o novo pároco, saiu visitando todos os fazendeiros e, quando foi à fazenda, conquistou a todos. João, sabendo que este não o conhecia, agiu com naturalidade. Padre José era alegre, esperto, gostava de comida caseira e já na primeira visita andou pela fazenda conversando com os empregados.

– Senhor João, estou encantado com sua atitude de abrigar esses órfãos. De fato, depois da enfermidade que fez tantas vítimas fatais, os orfanatos estão lotados. O senhor pensa em encaminhá-los para essas instituições?

– Não, padre José, elas ficarão conosco. Tivemos muitas perdas, ficamos muito tristes e foram essas crianças que nos deram ânimo e alegraram nosso lar.

– Será que elas são batizadas? – quis o padre saber.

– Não sei – respondeu João.

– O que o senhor acha de marcarmos num domingo à tarde para fazermos casamentos, porque muitos dos seus empregados não são casados, e batizarmos todas essas crianças?

– E se alguns deles já tiverem sido batizados? – perguntou João.

– Se a criança souber que tem padrinhos, então já foi batizada, mas se não souber, então batizamos.

– Podemos fazer uma grande festa pelos casamentos e batizados – disse João, entusiasmado.

E foi preparada uma grande festa pelos casamentos e batizados. Padre José, com alegria, no jardim da casa, realizou cinco casamentos, batizou os filhos dos empregados e os órfãos da casa. Todos os abrigados tiveram por padrinhos João, Maria e Silas. E as crianças passaram a chamar João de Padrinho, Maria de Madrinha e Silas de Paidinho. Foi uma festa muito bonita.

Padre José passou a ir muito à fazenda. Gostava de João e nutria um afeto especial por Silas. Contava a história da vida de Jesus para a meninada.

E outros órfãos vieram. Um casal com oito filhos chegou à fazenda para falar com o senhor João. Silas os atendeu; a mulher entrou somente com um dos filhos e disse:

– Senhor, queríamos, meu marido e eu, deixar aqui este nosso filho. Ele se chama Lúcio, é doente. Agora parece estar bem, mas de repente saem feridas pelo corpo dele que doem muito. Estamos indo para outra cidade, onde um parente do meu marido ofereceu um bom emprego. Mas Lúcio não tem como viajar. Será que não dá para o deixarmos aqui? Quando estivermos instalados, voltaremos para buscá-lo.

– Pode deixá-lo! – respondeu Silas.

Olhou para o garoto, que tinha sinais de feridas cicatrizadas. Ele tinha seis anos, estava quieto, de cabeça baixa e, com certeza, queria ir com a família. Silas se lembrou de quando todos os familiares foram viajar e ele ficou. Aproximou-se do menino e com a mão levantou sua cabeça.

– Que garotão bonito! Você ficará bem aqui. Tem muitas crianças para brincar. Vá agora com Maria. As crianças estão comendo bolo. Vá comer, você vai gostar.

Maria pegou na mão dele e o puxou. A mãe aproveitou que ficou a sós com Silas e disse:

– Senhor, vamos para longe. Com certeza não voltaremos para buscá-lo. Cuide dele, por favor!

– Pode ir sossegada, cuidarei sim! – afirmou Silas.

Ela saiu e Silas percebeu que quando Maria foi acudir uma menina caída Lúcio ouviu o que sua mãe disse. Ele encostou-se à parede e chorou em silêncio. Silas aproximou-se e o abraçou.

– Lúcio, aqui será seu novo lar. Gostará de morar conosco.

Lúcio não quis se alimentar, ficou quieto e à noite feridas apareceram pelo seu corpo.

– Vou colocá-lo para dormir no meu quarto. Cuidarei dele – disse Silas a Maria.

– Será que não é contagioso o que ele tem? – perguntou Maria.

– Não deve ser. Da família somente ele tem essa doença. Amanhã cedo, Maria, vá com ele à cidade e leve-o ao médico para uma consulta.

Lúcio quase não dormiu aquela noite, gemia muito e baixinho. Silas o agradou, deu chás para tirar dores. Pela manhã, Maria com um empregado foram de charrete à cidade levar Lúcio para se consultar.

Maria retornou à tarde e contou a Silas e a João:

– O médico disse que essa doença não é contagiosa, falou o nome, que é complicado e eu esqueci. Que a medicina não sabe muito sobre essa enfermidade e que as feridas queimam e doem muito. Receitou estas pomadas para passar. Disse que já atendeu Lúcio outras vezes.

Silas instalou Lúcio em seu quarto para melhor cuidar dele; passava as pomadas, dava chás e muito carinho. Silas então aprendeu que quando queria aliviar as dores dele, orava com as mãos estendidas em sua direção; Lúcio sentia alívio e até dormia.

O garoto nunca fora tão bem tratado, cuidado. Melhorou quando percebeu que ali era um lugar bom. Silas conversou com as outras crianças, explicou que Lúcio era doente, que a doença não "pegava" e que ele precisava de carinho. Lúcio melhorou e foi brincar com as outras crianças.

Silas contratou novamente o antigo professor. Ele vinha dois dias por semana. De manhã dava aulas para as crianças menores, à tarde para os maiores e dormia na salinha de sua mãe, já que os quartos de hóspedes estavam ocupados. À noite, dava aulas para Silas e conversavam sobre conhecimentos gerais. Lúcio queria estudar, Silas deixou e se surpreendeu, pois aprendia rápido e era muito inteligente.

Uma noite, Lúcio teve um pesadelo. Apavorado, falou palavras desconexas enquanto dormia. Silas o acordou, abraçou-o para que ele se acalmasse.

– Calma, Lúcio! Foi somente um pesadelo, um sonho ruim!

– Sonho sempre a mesma coisa. Paidinho, no meu sonho me vejo como se eu fosse um homem alto, com cara de mau, que acha que está fazendo algo de bom para Deus e manda queimar pessoas para irem para o céu.

– Esqueça isso e durma! Amanhã você terá aulas.

– Gosto muito de estudar!

Com agrados, Lúcio voltou a dormir e Silas pensou:

"Parece que Lúcio foi um inquisidor que mandou queimar pessoas. Agora, doente, sente dores como se estivesse queimando."

Gabriel ia muito à fazenda visitar seus moradores e, se possível, ajudá-los. E, quase sempre, bastava Silas orar pedindo orientação para vir e tentar instruí-lo. Silas orou por Lúcio. Gabriel veio, e às vezes Eduardo vinha também. Quando os dois, Silas e Lúcio, voltaram a dormir tranqüilos, Eduardo perguntou:

– Que doença esse menino tem? Por que tem esses pesadelos estranhos? Se ele foi um inquisidor não era para ter obsessores?

– De fato – explicou Gabriel *– Lúcio foi um sacerdote em sua outra existência. Não foi uma pessoa que tomava decisões. Obedecia. Agiu errado. A Inquisição cometeu erros terríveis, razão pela qual por muito tempo ainda veremos reações de sofrimentos em muitos espíritos. Alguns inquisidores agiram com maldade; outros, como Lúcio, ingênuos, acreditando em seus superiores, achavam que estavam fazendo o certo. Claros, porém, são os mandamentos, e o sexto é taxativo: "não matarás". Lúcio era um padre serviçal, cometeu erros, mas não sentia ódio. Ficou doente, sofreu muito, foi deixado com muito poucos cuidados em sua cela no mosteiro. Desencarnou e continuou sofrendo bastante. Algumas vítimas da Inquisição que com ódio queriam vingança castigaram-no por algum tempo, mas não viram nele um carrasco. Lúcio esteve muito tempo no umbral e pensou muito. Teve remorso e sentiu-se merecedor de castigo, achando-se indigno de pedir perdão. Mas socorristas conversaram com ele e o levaram para um socorro. Arrependido, ele sofreu muito. Reencarnou e com pouca idade desenvolveu essa doença cujas feridas ardem e doem muito, como se fossem queimaduras. Foi abandonado pela família, mas aqui terá uma educação diferente, aprenderá a ser caridoso e, como é estudioso, aprenderá logo a ler e a escrever e ensinará a outros.*

– Gabriel, algumas crianças que aqui estão têm inimigos, mas esses não entram na fazenda nem na casa. Por quê?

– Pelas orações! Silas ora e está ensinando as crianças a orar. Padre José conta histórias de Jesus, falando de seus ensinamentos e de como agir corretamente. Além disso, tenho tentado conversar

com esses obsessores e mostrar-lhes que aqui estão órfãos que já sofrem bastante. E que eles devem cuidar de sua vida.

– *Tem dado resultado?* – perguntou Eduardo.

– *Com alguns sim; outros dizem não ter pressa e que um dia eles se tornarão adultos e sairão daqui. Vamos confiar e orar, Eduardo, para que essas crianças aprendam com os bons exemplos a ter boas vibrações e que esses obsessores não consigam atingi-las, porque a obsessão somente acontece se os dois, encarnado e desencarnado, vibrarem igual.*

Certo dia, também foram deixadas na porteira da fazenda duas crianças, um menino de cinco anos e uma menina de três, com um bilhete pedindo para acolhê-los.

Um empregado os reconheceu:

– Senhor João, essas crianças são filhos de uma prostituta que foi embora para outra cidade.

Maria foi cuidar delas e comentou:

– Silas, eles estão com muitas cicatrizes, levaram muitas surras.

Esses irmãozinhos deram trabalho, eram rebeldes, agressivos, briguentos, não tinham medo de apanhar e enfrentavam até as crianças maiores. Silas explicou para a meninada que os dois necessitavam aprender a ter modos e que não era para responder às provocações. E foram muitas as vezes que Silas conversou com os dois.

– Aqui vocês não irão apanhar, não irão para castigos, mas quero que sejam bonzinhos. Não podem falar palavrões, porque aqui ninguém fala. Se vocês esquecerem e falarem, digam três vezes: "Que Deus me perdoe!". Vocês também não precisam tomar o brinquedo de outra criança. Peçam "por favor"! Digam "obrigado"! São palavrinhas mágicas! Vocês terão sempre comida em seus pratos, não precisam pegar de outro. Não ficarão sem comer.

João, Maria, Silas, até Bernadete e Sara desdobravam-se em atenção e cuidados com os dois rebeldes. Quando passavam do limite ou batiam em alguma criança, João pegava-os e colocava-os sentados numa cadeira e conversava com ele ou ela. Explicava que tapas doem e que ninguém merecia recebê-los. Foram meses de paciência e carinho para que os dois entendessem que ali seriam bem tratados e aos poucos foram se tornando sociáveis, falavam muito "Deus me perdoe", "por favor", "obrigado" e "desculpe-me". Foi trabalhoso!

Um empregado ficou viúvo com três filhos pequenos. Ele casou-se novamente dois meses depois de enviuvar e a esposa dele passou a maltratar as crianças. João chamou-lhes a atenção e o casal foi embora; saíram escondido à noite deixando os três pequeninos, que foram para a casa-grande, que se tornou pequena para tantas crianças.

Silas reformou o porão, abriu uma passagem para dentro da casa. No final do corredor que ia para os quartos, abriu uma porta, fez uma escada. No porão fez vários quartos pequenos, abriu janelas, substituiu o portão por uma porta e para lá foram os meninos maiores.

O trabalho da fazenda era o mesmo, mas se antes dava lucros, agora com as despesas aumentadas, Silas tinha de administrar bem para não fazer dívidas. João então resolveu dar tarefas para as crianças, ensiná-las a trabalhar. Os meninos maiores passaram a ajudar nas tarefas diárias e os que completaram dez anos cuidavam da horta, jardim e alimentavam as aves da casa. As meninas passaram a limpar a casa, ajudar na cozinha e aprender com Luzia, que passou a ser empregada fixa, a costurar, bordar e a fazer rendas. Isso sem deixar de estudar. Algumas crianças não gostavam de estudar, Silas insistia, porém se não quisessem mesmo, após aprender o básico, ler e escrever, podiam parar.

Padre José ia sempre à fazenda. Juvêncio comentou com Silas:

– Menino Silas, gosto muito desse padre, mas vou lhe contar uma coisa sobre ele. Você sabe por que ele vem muito aqui na fazenda?

– Acho que é por causa das crianças. Depois gostamos dele e ele de nós – respondeu Silas.

– Não duvido que ele goste da gente. Mas padre José tem uma amante.

– O quê?! – espantou-se Silas.

– É melhor que você saiba – falou Juvêncio. – Você conhece aquela casa perto do rio, que fica escondida pelo bosque? Padre José a reformou e levou para lá uma bela moça, que tem duas crianças. Dizem que a mais velha não é dele, mas o mais novo é filho do padre e ela está grávida novamente. Parece que se amam. Como é caminho, o padre José passa aqui para ir lá.

– Como você descobriu? – perguntou Silas.

– Algumas pessoas sabem, já viram. A moça é muito bonita.

Silas pensou muito no que escutou. No outro dia, quando padre José foi à fazenda, ele o chamou para uma conversa particular e perguntou:

– Desculpe-me, não quero ser intrometido, mas é verdade, padre José, o que escutei?

– O que foi que escutou?

– Que o senhor visita uma moça na casa do bosque e que é amante dela.

– Silas – respondeu o padre José falando devagar –, padre é homem como outro qualquer. Fui para o convento porque minha mãe fez uma promessa. Não tenho vocação. Entretanto, tenho sido um bom sacerdote. Trato todos bem, ricos e pobres recebem o mesmo tratamento na minha igreja. Quero ser justo e leal. Mas amo essa moça. Por mais que tenha me esforçado, não consegui esquecê-la. Ela já sofreu muito. Na cidade onde estava anteriormente, ela, solteira, teve um filho e o pai dela a colocou para fora de casa. Conheci-a quando desesperada veio me pedir ajuda. Minha empregada, uma senhora bondosa que há anos serve a casa paroquial, a meu pedido, abrigou-a na casa dela. Auxiliei-a somente pela injustiça que sofrera, mas depois a amei e ela também me ama. Quando vim para cá, achei um local para ela morar e a trouxe. Você me entende? Não falará nada para ninguém na cidade? Pedirá ao senhor João para guardar segredo?

Silas pensou e achou que não era justo um padre não poder casar. Além disso, padre José era realmente uma pessoa boa. Respondeu:

– Não falo, e vou pedir a quem sabe aqui na fazenda para não comentar!

– Obrigado! – agradeceu padre José.

– Mas por que o senhor não deixa de ser sacerdote e se casa com essa moça? – perguntou Silas.

– Porque é muito difícil. Eu não sei fazer nada. Entrei no seminário com dez anos. E se sair, deixar de ser padre, minha mãe morre de desgosto e achará que irá para o inferno por não ter cumprido sua promessa. Além disso, no momento que estamos vivendo, padres que saem são perseguidos. Acho que sou covarde, não tenho coragem de mudar minha vida nem de deixá-la, amo-a muito.

– Continuo gostando do senhor e respeitando-o. Para mim, está tudo bem. Se precisar de ajuda, conte conosco.

– Acho que vou precisar. Ela está grávida, a criança deverá nascer no mês que vem. Queria que fosse atendida por uma parteira. Não tem como ela ter o filho sozinha.

– Veja a época certa e me avise. Pedirei a Maria, que já fez muitos partos, para ir até lá.

Será que ela vai querer ir e será discreta? – perguntou o padre.

– Falarei com ela – respondeu Silas.

Silas explicou tudo para Maria e ela concordou em ajudar. Na época prevista, Maria disse que ia viajar, passar uns dias na casa de sua irmã e foi de charrete sozinha. Ficou na casa do bosque, ajudou a moça a ter mais um filho, como também a ensinou a tomar certas ervas para não engravidar mais. Dias depois, Maria voltou para a fazenda saudosa das crianças que a esperavam ansiosas.

Quatro anos haviam se passado. Silas completou dezoito anos. E na fazenda estava sempre chegando alguma criança trazida pela mãe, até pelo pai ou deixadas na porteira. Embora com muito trabalho, foram anos tranqüilos.

CAPÍTULO OITO

O ATENTADO

JOÃO, CANSADO DA VIUVEZ, DA VIDA PACATA QUE estava levando, começou a dar preocupações a Silas e a Maria. Ia muito a uma taberna que ficava no subúrbio da cidade, encontrava-se com prostitutas e passou a se embriagar. Às vezes, voltava para casa tarde da noite tão bêbado, que um empregado tinha de carregá-lo e colocá-lo na cama.

– Papai – aconselhou Silas –, por favor, não iluda nenhuma daquelas mulheres que acreditam que o senhor é João. Não queira casar, peço-lhe.

– Não se preocupe, Silas, já deixei claro que vou lá somente para me distrair. E não precisa me lembrar de que não sou João! Além do quê, não quero casar e nunca mais quero ter filhos. Já os tive e Deus os levou. Sou homem e gosto de mulheres, é somente isso. Já estou idoso, era mais velho que João quando ele faleceu. O dinheiro que você me dá não é muito, ou é? Está fazendo falta? Acho que não gasto muito.

– Não é pelo dinheiro, papai, é pela sua saúde – respondeu Silas.

– Não se preocupe, estou bem.

Mas Silas se preocupou. O dinheiro que dava a ele de fato não era muito, mas as despesas da fazenda eram. Alimentar e vestir a garotada ficava caro. Mas Silas não estava apreensivo pelo dinheiro que Isaías gastava, mas com sua saúde e com alguma encrenca que poderia cometer por estar bêbado.

E recebeu por coincidência duas cartas no mesmo dia: dos tios. Silas chamou Maria e João para irem ao escritório e lerem as cartas.

– Vou ler a do tio Josefo, vamos ver o que o irmão de mamãe quer.

A carta estava muito bem escrita, com termos educados. Dizia que João estava havia muito tempo viúvo e que ele tinha uma sobrinha, filha de uma irmã de sua esposa, que lhe daria uma boa esposa e que com ela poderia ter outros filhos. Se estivesse interessado, que poderia marcar um encontro. E enumerou as qualidades da sobrinha.

– O quê?! – exclamou João. – O safado acusou seu pai de ter indiretamente matado a irmã. Culpou-o pela morte de Violeta. E agora quer me casar? Deus me livre! Você vai responder mandando-o para o inferno!

– É melhor responder somente que não está interessado – sugeriu Maria.

– Vou casá-lo! – falou Silas rindo. Como João o olhou fazendo careta, ele corrigiu: – Brincadeira! Vou escrever que não estou interessado e que não os quero aqui nem vou visitá-los. Serei educado, mas responderei secamente.

– Leia a outra carta. Certamente outro problema. Você tem uns tios! – exclamou João.

Silas leu e gargalhou.

– De que está rindo? Leia alto! – pediu Maria.

– Coincidência das coincidências! Mais de quatro anos sem notícias desses meus tios e recebemos, no mesmo dia, cartas dos dois sobre o mesmo assunto, e eles moram longe um do outro. Tio Bento oferece a filha para casar com papai. Sim, é isso mesmo! Tio Bento diz na carta que Rosário, a filha mais velha dele, agora com vinte e oito anos, ficou viúva com dois filhos e seria uma excelente esposa para papai e uma ótima mãe para mim.

– É melhor responder já, para que os mensageiros que as trouxeram levem as respostas com um não sem deixar dúvidas – falou João.

– Vou fazer isso.

– Cuidado, Silas, eles podem se ofender com a recusa – opinou Maria.

– Que se ofendam – respondeu Silas.

Silas escreveu as cartas como se fosse João, recusando a oferta mas de maneira educada e objetiva, dizendo que não tinha no momento vontade de casar e que estava muito bem viúvo.

As respostas foram dadas aos mensageiros, que partiram no outro dia cedo.

Gabriel e Eduardo visitavam sempre a fazenda e uma noite os dois olhavam as águas do açude e conversavam sobre as crianças:

– *Como é bonito aqui!* – exclamou Eduardo. – *Ao reformar o açude, Silas tentou imitar o lago que temos no educandário.*

– *Ele, quando criança, dizia sempre que sua casa era um castelo; é que ele tinha uma vaga lembrança do educandário: era o seu castelo dos sonhos* – falou Gabriel.

– *Atualmente Silas tem pouco tempo para sonhar. Trabalha muito* – disse Eduardo.

– *É verdade* – concordou Gabriel.

– *Olha ali!* – exclamou Eduardo apontando do outro lado do açude. – *Você está vendo, Gabriel? É uma criança desencarnada. Um menino, longe do educandário! O que será que ele faz por aqui sozinho? Vamos lá acudi-lo! Por favor!*

Eduardo falava depressa e pegou no braço de Gabriel e foi puxando-o.

– *Calma, Eduardo* – pediu Gabriel. – *Nem tudo o que vemos é o que parece ser. Vamos conversar primeiro, depois iremos falar com ele. Normalmente, as crianças que desencarnam são socorridas e levadas para as colônias, cidades no plano espiritual, e para os educandários, onde vivem por determinado período.*[3] *Eu disse normalmente porque nada na espiritualidade é taxativo, não*

3. Esses educandários são muito bem descritos por Rosângela no livro: *Flores de Maria*. São Paulo: Petit Editora. (N.A.E.)

existe regra geral. Você sabe, Eduardo, que nosso perispírito, esse corpo que estamos usando agora para viver como desencarnados, é modificável?

– Sei, sim. Eu cresci na espiritualidade. Desencarnei quando tinha oito anos e no educandário fui crescendo, e hoje já estou alto, quase adulto. No educandário também vi meus amigos crescerem e muitos se modificarem.

– Isso acontece no educandário e também em outros lugares no plano espiritual. Muitas pessoas desencarnam idosas mas, para que não tenham a impressão da velhice, remoçam. Outros moradores das colônias se modificam e são muitos os motivos.

– Paulinho quando encarnado não tinha as duas pernas e no educandário recebeu-as de volta – disse Eduardo.

– Não as recebeu de volta – explicou Gabriel. *– No corpo físico, por um acidente, ele teve as duas pernas amputadas e continuou encarnado por mais cinco anos. Mas, no seu perispírito, elas continuavam. Logo que desencarnou, Paulinho fez um tratamento para não ter mais a impressão forte que adquiriu após o acidente e voltou a senti-las, a vê-las. Eduardo, pode-se modificar a aparência perispiritual. Quem sabe modifica. Os bons o fazem para ajudar, e os maus por muitos motivos: para enganar, maltratar e às vezes por querer se passar por outra pessoa.*

– Somente os bons deveriam saber! – exclamou Eduardo.

– Conhece, sabe, quem estuda! Conhecimentos não significam evolução espiritual – elucidou Gabriel. *– Aqueles que sabem, modificam o seu perispírito e de outros. Em muitas das cidades do umbral, imprudentes que por afinidades vão para lá podem ser julgados*

por umbralinos trevosos e ter seu perispírito alterado para parecerem monstros, animais ou seres deformados. Isso pode ocorrer pela culpa que esse espírito sente. Essas modificações são temporárias; o tempo que ficam deformados depende de seu arrependimento e, quando querem melhorar de fato, são auxiliados pelos trabalhadores que fazem o bem. E, para auxiliá-los, é usado o mesmo processo para fazê-los voltar a sua forma anterior. Quando esses espíritos estão muito desesperados e na sua dor não conseguem raciocinar nem ver nada a sua volta, os socorristas, para ajudá-los, alteram seu perispírito para a forma que tinham antes do ocorrido que causou esse desespero. Exemplo: uma pessoa se suicidou e já sofreu muito, e o desespero do remorso é tão grande que ela não consegue se acalmar para receber uma orientação, um socorro. Voltando-a no tempo, antes do ato indevido, modificando seu perispírito, ela fica apta a receber o auxílio necessário. Depois, nas enfermarias das colônias e dos postos de socorro, com tratamento específico, ela saberá que se suicidou, mas seu perispírito pode ficar meses, até anos com a aparência perispiritual modificada. Essa forma de auxílio pode ser usada por pessoas que se viciaram e continuam desesperadas, presas aos seus vícios, e em casos de traumas que o espírito não consegue superar. Mas pode-se também inconscientemente mudar o perispírito.

– *Pensei que poderia mudar só conscientemente, sabendo* – falou Eduardo admirado.

– *Podemos fazer algumas coisas pela vontade e sem entender como. Você sabe, pelos estudos que já teve, que um desencarnado socorrido, levado para uma colônia ou um posto de socorro, pela vontade forte de querer voltar para a casa em que morava, sai sem compreender como e retorna ao seu ex-lar ou para perto de seus afetos. Depois não sabe voltar para onde estava abrigado, necessitando novamente de auxílio. E alguns espíritos podem mudar inconscientemente sua forma perispiritual. Um desencarnado sentindo-se muito infeliz recorda-se de sua infância, na qual teve um período tranquilo e até feliz, quer ser como era, quer reviver o passado e, sem saber como, seu perispírito toma a forma de criança ou de jovem, se ilude e passa a viver como era naquela época.*

– Então aquela pessoa que estamos vendo ali não desencarnou quando criança? – perguntou Eduardo.

– Acho que não, mas vamos conversar com ela.

Os dois se aproximaram, cumprimentaram-no sorrindo e sentaram-se no banco perto dele.

– Você está aqui sozinho? – perguntou Eduardo.

– Estou sempre só – respondeu ele.

– Como você se chama? Eu sou Eduardo e ele é Gabriel.

– Oi – respondeu ele. *– Chamo-me Zequinha.*

– Está, como nós, olhando a paisagem? – perguntou Gabriel. *– Esse açude é um lugar bonito. Gosta daqui?*

– Gosto, a casa tem muitas crianças, mas não consigo entrar lá. Eles também não me vêem, estão no corpo e eu não – respondeu Zequinha.

– Onde mora? Que faz? – perguntou Eduardo e, temendo assustá-lo, disse sorrindo: *– Eu estudo!*

– Eu não estudo. Não quero ir para a escola.

– Você disse que sabe que seu corpo físico morreu – falou Gabriel. *– Então deve saber que nós dois também... Eu desencarnei.*

Sabe o que é desencarnar? – Zequinha negou com um movimento da cabeça.

– *Quando o corpo de carne e ossos que chamamos físico pára suas funções e morre, nós espíritos continuamos vivos, então somos chamados de desencarnados* – esclareceu Gabriel. – *Eu desencarnei depois de ter ficado muito doente por meses no leito, em que senti muitas dores. Tudo passou, hoje estou sadio e bem vivo.*

– *Eu* – disse Eduardo – *desencarnei por uma queda de cavalo. Escondido, montei num cavalo bravo e saí galopando, caí, bati a cabeça e desencarnei.*

– *E você, Zequinha, não quer falar como desencarnou?* – perguntou Gabriel.

– *Fui estuprado e morto!* – respondeu Zequinha falando rápido e baixo.

– *Meu Deus!* – exclamou Eduardo com pena.

Gabriel fez um sinal para Eduardo se calar.

– *Conte para nós!* – pediu Gabriel.

– *Não me lembro direito!* – queixou-se Zequinha e pôs-se a chorar.

Gabriel o abraçou, passou a mão pelos seus cabelos e foi falando devagar:

– *Zequinha, você foi um garoto alegre. Foi pobre, mas tinha pais trabalhadores e nada lhe faltou. Quando cresceu, tornou-se empregado na fazenda em que morava. Apaixonou-se por uma jovem bonita que nem olhava para você. Tentou agradar-lhe, conquistá-la, mas ela não o quis. Essa moça queria casar com uma pessoa que fosse rica.*

Zequinha ouviu calado, lágrimas escorriam abundantes pelo rosto.

– *Um dia* – continuou Gabriel – *ela foi levar almoço para o pai e os irmãos na lavoura e você a seguiu. Na volta, você a abordou, ela debochou de você, que a agrediu, estuprou e matou. Depois, apavorado, porque não queria ter feito aquilo, fugiu e se escondeu no mato. Mas foi perseguido, e quando o acharam, o enforcaram.*

– *Por que fica me lembrando disso?!* – perguntou Zequinha chorando alto. – *Queria esquecer!*

– *Não foi você quem foi estuprado e morto! Foi você quem estuprou e matou! Vamos, Zequinha, recorde sem tanto remorso, peça perdão e perdoe!*

– *Perdoar, eu já perdoei. Mereci que eles me enforcassem. Eu a amava! Quero esquecer tudo isso! Deixe-me ser criança! Sendo criança não fiz nem vou fazer maldade!*

– *Nada muda, Zequinha!* – continuou Gabriel a explicar. – *Nada pode ser mudado. Assuma! Agora que lembra de tudo, volte a ter o perispírito de um jovem e venha conosco. Vou levá-lo para um local onde receberá orientação, estudará e conviverá com outras pessoas.*

– *Não sou como as outras pessoas, sou um assassino! Pratiquei um ato muito cruel.*

– *Todas as maldades são perdoadas quando pedimos perdão com sinceridade* – afirmou Gabriel. – *Jesus perdoou os que o crucificaram. Perdoe a si mesmo. Venha conosco e recomece.*

– *Vivo tão sozinho! Mas sentindo ser criança estava bem* – afirmou Zequinha.

– *Não estava, não está!* – afirmou Gabriel. – *Ninguém é feliz numa ilusão. Você, agindo assim, não anula o fato. O crime aconteceu e já se passaram muitos anos.*

– *Será que ela me perdoa se eu lhe pedir perdão?* – perguntou Zequinha. – *Quando nos arrependemos, o primeiro passo que deve ser dado é pedir perdão, a Deus e a quem ofendemos. Você perdoou as pessoas que o perseguiram, que deveriam tê-lo entregue às autoridades, mas o surraram e o enforcaram. Quando perdoamos, nos fazemos merecedores de receber o perdão. Acredito que ela o tenha perdoado porque não o está obsediando ou se vingando. Mas pedir perdão é obrigação sua, a dela é perdoar. Se ela não o fizer, o problema é dela. O seu agora é assumir o que fez, entender que necessita continuar a progredir, porque você assim está parado e o tempo passa.*

– *Venha conosco, Zequinha* – pediu Eduardo. – *Ninguém irá julgá-lo! Irá para uma escola, irá aprender muitas coisas e depois poderá reencarnar e aí como uma grande graça, pela bondade infinita do Nosso Pai, de Deus, esquecerá tudo.*

Zequinha pensou e os dois escutaram seus pensamentos:

"Acho que Deus me perdoará, Ele perdoou aquelas pessoas que crucificaram Jesus. Acho que vou com eles. Souberam o que fiz e não me repeliram."

– *Vou com vocês!* – concordou ele.

–*Volte, Zequinha, a ter a forma que tinha quando desencarnou!*

Gabriel o olhou, transmitiu-lhe energia e, em segundos, Zequinha ficou com a aparência de um jovem de vinte anos.

E os dois, Gabriel e Eduardo, deram as mãos a Zequinha e volitaram, levando-o para uma colônia, onde ficou abrigado numa ala em que receberia a ajuda de que tanto necessitava. Mas assim que Eduardo ficou a sós com Gabriel, perguntou curioso:

– *Como você conseguiu saber a história de Zequinha? Como ele pode ter vivido tantos anos com o perispírito como se fosse uma criança?*

– *Quando nos sentimos necessitados de auxílio, normalmente queremos falar e ser escutados. Zequinha não estava feliz, tinha a aparência infantil, mas a ilusão gera dúvidas e confusão. Estava esperando alguém para ajudá-lo sem, entretanto, pedir por auxílio. Ao doar energia a ele, ele ficou motivado, e eu captei seus pensamentos e emoções, e fui falando e o levando a sair da ilusão em que vivia. Um espírito pode viver iludido, com a aparência perispiritual transformada, por muitos anos, não existe tempo determinado para mudar esse fato. Modificar-se foi uma maneira que ele encontrou para parar de sofrer com o remorso. Realmente, ele não planejou aquela ação e não a queria ter feito. Tanto que Zequinha dizia que desencarnou por estupro, que ele sofreu uma crueldade e não que a cometeu. Ficou vagando por aí, perambulando e tentando ser uma criança boazinha.*

Gabriel fez uma pausa e voltou a elucidar:

– *Conheci uma pessoa que não era má, enquanto encarnado não fez nenhuma maldade, mas se tornou alcoólatra. Desencarnou arrependido por ter bebido e fez sua mudança de plano antes do previsto e muito doente. Na espiritualidade, pensava muito e com saudades, em sua mocidade, anos em que foi feliz e teve muitos amigos, e inconscientemente seu perispírito ficou com a aparência que tinha na juventude. Foi para perto de amigos e ficou junto de uma senhora que quando jovem fora o grande amor dele. Mas essa mulher, já idosa, não aceitou sua presença. Ele, confuso e perturbado, incomodou-a. Em orações, ela pediu auxílio. Então ele foi levado para uma colônia onde continua com a aparência jovem, que lhe faz bem. Mas está estudando e, com a compreensão que o estudo lhe dará, voltará a ter a forma perispiritual de quando desencarnou, só que sadio e liberto de seu vício.*

– *Nós, os seres humanos, complicamos muito, não é?* – perguntou Eduardo, que prestava muita atenção às explicações de seu orientador.

– *Temos o livre-arbítrio, fazemos o que queremos, mas recebemos as reações, tanto das ações boas como das más. E podemos, pela liberdade que temos, modificar nosso perispírito, mas esse fato não muda as ações que praticamos. Concluindo: nem todos os desencarnados com aparência infantil que se encontram perambulando pela Terra, longe dos educandários, são como Zequinha. Cada caso é um caso e os mistérios são muitos, mas o lugar apropriado a espíritos que desencarnaram na infância são os educandários.*

E Gabriel continuava atento aos acontecimentos na fazenda tentando orientar Silas sempre que possível sem, porém, fazer a lição e o trabalho, que cabiam a Silas. O desencarnado que cumpre essa tarefa, ajudar encarnado, não consegue evitar que coisas ruins e desagradáveis lhe aconteçam. Seu trabalho é realmente tentar orientar e ele pode ser ouvido ou não, porque o livre-arbítrio do orientando é respeitado como também o de outras pessoas que o cercam.

E os tios de Silas, tanto Josefo como Bento, resolveram escrever outra vez. Primeiro, receberam a carta de Josefo, dizendo que João não estava agindo de modo correto, freqüentando prostíbulos e com a casa cheia de órfãos que deveriam estar em orfanatos. Que o lar dele precisava ter alguém de pulso firme que o reorganizasse urgente, que João necessitava de uma mulher que lhe desse outros filhos e era preciso arrumar um casamento para Silas. E falou novamente da sobrinha.

Silas resolveu pensar bem antes de responder e pediu orientação a Deus, porque João queria que ele fosse direto e dissesse que não queria a opinião dele nem casar. Maria aconselhou-o a ter cautela.

Silas desta vez escreveu uma carta curta em que dizia que Silas já estava prometido, que não iria se desfazer dos filhos adotivos, que não aceitava repreensão e que não queria casar e, se o fizesse, não seria com nenhum parente dele.

O mesmo mensageiro levou a carta-resposta.

– Venha à taberna comigo, Silas. Lá você esquecerá esses seus tios. Vamos nos distrair – convidou João.

– Não, papai, não gosto de beber nem de escutar conversas de bêbados.

– Poderá ficar com alguma garota.

– Sexo para mim, papai, terá de ser um complemento do amor. Não sou capaz de usar uma mulher para minha satisfação pessoal – respondeu Silas.

– Silas – falou João aborrecido –, você falando assim acaba com o meu prazer. Elas estão lá porque querem. Se uso, pago.

– O senhor já lhes perguntou se estão lá porque querem ou se algo lhes aconteceu e não têm no momento outra possibilidade? Depois, papai, o senhor está bebendo muito. Acabou com o estoque de bebida daqui de casa, compra bebida de má qualidade e quase todas as noites o senhor bebe. E, bêbado, está falando coisas indevidas.

– É verdade! Sei que falo. Às vezes, choro falando dos filhos, atormentado de saudade, sem citar nomes. João e eu perdemos a família.

– Noutra noite o senhor falou em netos – queixou-se Silas.

– Lembro que falei e me corrigi depressa. Disse que teria netos e, se essa tragédia não houvesse acontecido, João e Violeta teriam muitos netos.

– Por favor, tenha cuidado! – pediu Silas.

– Você agora é maior de idade. Com sua idade, ninguém poderá prejudicá-lo. Na semana que vem, completará dezenove anos – falou João.

– Você foi meu pai enquanto eu era menor de idade e será sempre. Não o estou criticando por isso. Falo porque o senhor poderá ficar doente. As crianças precisam de bons exemplos e gostam tanto do senhor, o padrinho delas.

– Desculpe-me, filho! Sou um velho rabugento. Terei mais cuidado, beberei no quarto e irei menos vezes à taberna.

E João tentou cumprir o prometido.

Bento havia escrito dizendo estar ofendido com a recusa de João e que ele deveria repensar da maneira que estava vivendo pois poderia morrer a qualquer momento.

Silas achou que não deveria responder. Novamente João queria que ele respondesse com ofensas e Maria que fosse educado. Silas respondeu que vivia como queria, que não quis ofender ninguém com a recusa, mas realmente não queria casar, que estava feliz cuidando dos órfãos e que logo Silas casaria lhe dando netos, descendentes.

Silas ficou inquieto com os tios, queria que os dois voltassem a esquecê-los.

Depois de uma noite na taberna, João chamou Silas pela manhã.

– Ontem à noite encontrei aquele amigo de seu pai, cujo filho morreu. Levei um susto. Ele se aproximou de mim, me abraçou e falou: "João, como você envelheceu! O que a vida fez com você, meu amigo!". Com medo de responder, pois já estava bêbado, comecei a chorar. Ele continuou a falar: "Eu perdi somente um filho, você toda a família! Ficou somente Silas, o aleijado. Vamos sentar e conversar".

Eu disse, então, que ia embora, pois estava bêbado. E Juvêncio, que tinha ido comigo, veio em meu auxílio, me pegou pelo braço. Eu dei somente um boa-noite e saímos. Acho que será perigoso eu voltar à taberna. Pensei bastante e quero lhe pedir: você não me deixa consertar aquela casinha lá do outro lado que está desocupada e receber de vez em quando uma das moças da taberna? Vou beber somente no meu quarto para as crianças não verem.

– Todos aqui na fazenda saberão desses encontros – falou Silas. – Mas acho preferível receber essas moças aqui ao senhor ir à taberna. Que a moça venha ao escurecer e vá embora no outro dia bem cedo. E que um empregado fique ali por perto para vigiar.

– Obrigado, filho! – exclamou João, contente. – Você tem sempre me dado dinheiro e eu vou pagar, recompensar bem essas mocinhas.

Com muito trabalho e preocupações, o tempo para Silas passava rápido. As crianças faziam arte mas para ele eram brincadeiras inocentes, ficavam doentes, ele com carinho cuidava delas e, para o jovem Silas, tudo estava bem. Estava passando sua juventude cuidando de outros sem pensar nele. Sentia-se feliz em ver todos bem, ria com as risadas daqueles órfãos. Ele sabia que as crianças gostavam muito de brincar no jardim e que o imitavam. Às vezes, até discutiam para ser ele, todos queriam ser como Paidinho. E aquela que fora designada para ser Silas, colocava capim nas costas, um calço num dos pés para mancar e às vezes colocava um capuz. Silas, um dia, escondeu-se e ficou observando-os, segurou-se para não rir. A criança que se passava por ele dizia aos outros imitando seus gestos e a maneira de falar:

– Você se machucou, meu bem? Vou passar um remedinho. Por que está triste? Venha cá, me conta o que aconteceu. Não quer comer bolo? Está gostoso! Não fique triste, vou lhe dar um abraço. Paidinho o ama! Sorria, meninada!

Um dia, logo após o almoço, Silas estava na sala fazendo a contabilidade – eram muitas as contas a pagar – quando escutou um tiro e a gritaria das crianças, correu para o jardim onde elas estavam. Viu Anselmo caído sangrando e a meninada assustada falando todas ao mesmo tempo.

– Parem de falar! – gritou Silas e elas obedeceram de imediato; então ele pediu: – Lúcio, fale você, me conte o que aconteceu.

– Não sei! Estávamos brincando e Anselmo era o Paidinho quando ouvimos um tiro e ele caiu sangrando. Será que ele morreu?

Silas o examinou, colocou a mão em seu pescoço e sentiu o coração dele bater. O garoto estava vivo. Juvêncio e um outro empregado se aproximaram e Silas ordenou:

– Juvêncio, pegue-o com cuidado e leve-o para a sala, coloque-o deitado no sofá. E você – dirigiu-se ao outro empregado –, chame os outros funcionários e vão atrás de quem atirou. Crianças! – falou alto – Entrem todas em casa e fechem as janelas.

Silas entrou com Juvêncio, que com cuidado levou Anselmo nos braços e o colocou no sofá.

– Juvêncio – pediu Silas –, vá à cidade o mais rápido possível e traga o médico.

"Meu Deus, o que faço? Socorra-nos! Não deixe o menino morrer!", rogou Silas esforçando-se para manter a calma.

E Maria veio em seu auxílio.

– Silas, vamos estancar o sangue com toalhas limpas e enfaixá-lo. Anselmo foi atingido no quadril.

Tiraram o capim das costas dele, o salto de madeira, enfaixaram-no e o acomodaram do melhor modo possível no sofá.

– Atiraram nele, Maria, pensando que era eu. Queriam me atingir. O tiro era para mim!

Os empregados não acharam ninguém suspeito. Anselmo voltou a si e sentiu dores, que foram amenizadas com chás. Todos estavam assustados, as crianças ficaram quietas dentro de casa. Silas, João e Maria permaneciam ao lado de Anselmo. O médico somente chegou horas depois. Fez o garoto cheirar algo forte, que o fez perder os sentidos, e ele extraiu a bala e fez o curativo.

– Vou dormir aqui esta noite – disse o médico. – Amanhã irei embora. O menino não corre risco de vida mas não andará mais.

Anselmo dormiu aquela noite no sofá e o médico na saleta. Pela manhã, ele o examinou, receitou chás de ervas e deixou um remédio para ele tomar. Silas pagou o médico, agradeceu-lhe e ele voltou para a cidade.

Silas resolveu que, além de Lúcio, Anselmo dormiria agora também em seu quarto, isso para cuidar melhor dele. Chamou as crianças e disse que não sabia o que tinha acontecido, que elas poderiam sair de casa e brincar, mas que estavam proibidas de imitá-lo.

– Silas – disse João –, é melhor deixar Juvêncio e Salvador vigiando a fazenda.

– Sim, papai, vamos fazer isso. Sabemos agora que alguém tentou me matar. Atiraram em Anselmo porque ele, brincando, passava-se por mim. E se eu morresse, o senhor, não tendo mais herdeiro, talvez fosse querer casar.

– Seus tios! – exclamou Maria.

– Sim, meus tios! Agora, infelizmente, terei de tomar algumas providências.

CAPÍTULO NOVE

O ROUBO

JUVÊNCIO E SALVADOR PASSARAM A VIGIAR A FAzenda. Perguntaram na região, mas ninguém vira pessoas estranhas por ali. Concluíram que fora trabalho de um profissional. Anselmo foi para o quarto de Silas, mas durante o dia ficava na sala e na varanda. As crianças maiores o carregavam e elas mesmas fizeram para ele uma cadeira em que colocaram rodas e ele, então, passou a ser paparicado por todos.

Dias depois, com a rotina normal, Silas se trancou na saleta de sua mãe, levantou a poltrona, abriu o cofre e pegou o envelope em que estava escrito: "Casos de família". Lembrava que, na carta que seu pai lhe escrevera antes de falecer, recomendara abri-lo e lê-lo se tivesse necessidade. E ele teve certeza de que aquele era o momento. Um dos seus tios mandara alguém matá-lo. Abriu o envelope. Dentro estavam outros dois, amarrados por fitas: no primeiro envelope, estava escrito o nome Josefo com a letra de seu pai, e foi esse que abriu. Reconheceu a letra de sua mãe. Era ela que narrava acontecimentos de muitos anos atrás.

Silas leu e soube então que Josefo casou pela primeira vez com uma moça muito feia, mas muito rica e quando ela ia ter o primeiro filho, ele, com a ajuda de uma parteira, a matou juntamente com a criança. Violeta estava na casa dele naquela época, passava ali uns dias à espera do primeiro sobrinho. Ela desconfiou, mas ficou quieta. A família da cunhada morta veio para o funeral, Josefo fingiu ser um esposo inconsolável. Depois que todos foram embora, sua mãe conversou com o irmão. Ele lhe rogou que não dissesse nada a ninguém, senão seria enforcado. Afirmou que amava outra mulher, que não conseguia viver longe desse amor e que a esposa o incomodava. Violeta prometeu ao irmão que não ia contar nada, mas rompeu com ele e nunca mais quis vê-lo. Ela finalizou o relato: Josefo casou-se um ano e dois meses depois com a mulher que amava, e a parteira, seis meses depois que a primeira cunhada faleceu, sofreu um acidente. Ia a cavalo fazer um parto na região, caiu, bateu sua cabeça não se sabe onde e morreu. Morte muito estranha.

Silas ficou horrorizado com o que leu, e escreveu para o tio imitando a letra de seu pai. Sem muitas formalidades, disse a Josefo que tinha um relato escrito por Violeta de tudo o que ocorrera na época do primeiro casamento dele, da morte da esposa durante o parto e do misterioso falecimento da parteira seis meses depois. Disse ainda que o documento estava muito bem guardado e que um dia seria queimado. Escrevia para alertá-lo, que ele, Josefo, deveria esquecê-los e não perturbá-los porque os irmãos de sua primeira esposa ainda estavam vivos – todos ricos, influentes – e com certeza não iriam gostar de saber como ocorreu a morte da irmã. Não estava chantageando, somente não queria que ele se intrometesse na sua vida.

Lacrou o envelope, endereçou-o e escreveu no canto direito: confidencial.

Chateado, aborrecido ao saber dessa maldade, Silas resolveu abrir depois o outro envelope que falava do seu tio Bento. Saiu, trancou a saleta e foi brincar um pouco com as crianças. Sentindo-se calmo, voltou à saleta.

Eduardo e Gabriel, que ali estavam, também se entristeceram por saber que por egoísmo se cometem muitos erros, e que a reação a eles pode até demorar mas vem trazendo sofrimentos. O pupilo, curioso, indagou-lhe:

– Gabriel, qual dos tios dele mandou matá-lo?

– Bento. Ele acha que Silas é um estorvo para o irmão e quer mesmo que João se case com sua filha. Mas vamos ver o que Bento fez. Silas vai ler o que João escreveu sobre o irmão.

João escreveu detalhadamente o porquê de não gostar de Bento. Ele tinha oito anos e a irmã seis, quando ficou órfão de mãe. Sua genitora, após anos doente, faleceu. Seu pai cuidou muito bem dela e, após um ano de luto, casou-se novamente com uma mulher rica, que também era viúva, mas não tinha filhos. A vida dele, João, e da irmã, tornou-se insuportável, a madrasta era odiosa. Sua avó materna, sabendo que eram maltratados, implorou para seu pai deixar que os dois fossem morar com ela. A madrasta, querendo se livrar deles, insistiu para o pai deixar, o que foi muito bom, pois com os avós foram felizes. A irmã, com dez anos, adoeceu e faleceu meses depois. A madrasta teve um filho: Bento, logo após os dois, João e a irmã, saírem da casa paterna. Viam-se raramente. João estudou e recebeu uma pequena herança dos avós. Quando seu pai morreu, ele foi ao enterro, e a madrasta o informou de que ele não receberia nada de herança, porque o pai dele havia perdido toda a fortuna em jogos e que tudo o que eles possuíam era dela. João chegou até a verificar e soube que o pai havia passado, alguns meses antes, tudo para o irmão. Não quis brigar e voltou para sua casa. Já namorava Violeta, casaram e foram para a fazenda, que era herança dela. Tempos depois, a madrasta lhe escreveu uma carta pedindo socorro, porque achava que o filho, Bento, queria matá-la para herdar tudo. Após o recebimento da primeira carta, João foi visitá-los. Bento o recebeu bem, mas impediu que conversasse com a mãe a sós. Disse que os dois estavam brigados porque ele queria casar e a mãe não aprovava a moça. João acreditou no irmão. Não o conhecia bem, mas tinha motivos para não gostar da madrasta, ela o havia maltratado muito. Na segunda carta, ela pedia para recebê-la por uns tempos em sua casa. Mas, recém-casado e com Violeta grávida, ele nem respondeu, não queria conviver com aquela mulher que o separara do seu pai, tirou-o do seu lar e com certeza manipulou o marido para deserdá-lo, porque, perguntando aos amigos de seu genitor, soube que ele nunca jogava. Meses depois, Bento lhe escreveu dizendo que a mãe se suicidara, afogara-se no rio. E ele recebeu pelo mesmo mensageiro a terceira carta da madrasta, que escrevera dois dias antes de sua morte que, se ela morresse, era para ele, João, acusar Bento, pois o filho era capaz de matar e acusou-o de ter matado o pai lhe dando remédios errados. Recebeu também, dias depois, uma missiva de um amigo de infância comentando que todos ficaram indignados com a morte da madrasta dele, porque ela era uma pessoa medrosa, que não saía à noite sozinha e na noite em que morreu saiu e se afogou no rio. Ele dizia também que ela sempre falava que tinha medo horrível da morte e que não queria de jeito nenhum morrer. Os moradores da fazenda, e algumas pessoas que a conheciam, estranharam, mas ficaram quietos. João continuou narrando que comentou o fato com Violeta e que resolveram não se intrometer porque, apesar de Bento ser muito jovem, era influente e rico. Não teriam como provar e, além disso, a madrasta poderia estar desequilibrada e ter de fato se suicidado. Silas leu as cartas da madrasta de seu pai. Parecia que ela estava mesmo desesperada e com muito medo. Acusava o único filho de querer se livrar dela. Confessava ter criado Bento fazendo-lhe todas as vontades e que o filho se tornara um tirano cruel.

Silas, depois de ter lido tudo, guardou os envelopes novamente e fechou o cofre.

"Tio Bento é muito perigoso!", pensou Silas. "Lembro que, quando papai se preparava para a viagem, recebeu a informação de que a primeira esposa do irmão tinha se suicidado e fazia uns cinco anos a segunda esposa dele também. Vou escrever a ele com cautela, mas deixar claro que sei de tudo e que posso acusá-lo."

Escreveu dizendo a Bento que ambos eram irmãos somente por parte de pai, que não tinham vínculos afetivos. Que os dois tendo sido criados separados, deveriam continuar assim, porque não queria ter amizade com ele. Que não queria casar e, definitivamente, não aceitava unir-se em matrimônio com a filha dele e, como nunca interferira na vida dele, não queria interferência. Que na época do falecimento do pai, verificou o porquê de ter sido deserdado e lhe disseram que o pai nunca jogava e alguns meses antes de morrer passara tudo para ele [Bento]. Além disso, que a mãe dele havia lhe escrito três cartas pedindo socorro, auxílio, porque achava que ele a mataria como matara o pai. Que as cartas estão guardadas e que nunca pensou em usá-las para prejudicá-lo. Mas, se essas missivas viessem a público, mesmo anos depois, haveria, com certeza, muitos comentários e outras mortes poderiam ser investigadas, porque ele estava casado pela terceira vez e suas outras esposas coincidentemente tinham se suicidado.

Silas terminou dizendo que a vida dele não lhe importava e que ele não deveria se intrometer na sua. Avisou também que contratara homens armados para vigiar sua fazenda.

Despediu-se somente assinando. Mandou um empregado levar as cartas à cidade, pagar um mensageiro para entregá-las e que não esperasse por respostas.

Eduardo, muito curioso, insistiu tanto que Gabriel o levou até os tios de Silas depois de eles terem recebido as cartas. Josefo praguejou, xingou a irmã por ter escrito essa carta e resolveu esquecer de vez o cunhado. Bento ficou apreensivo, amaldiçoou seu empregado por não ter assassinado Silas. Resolveu ter cautela, esqueceu João e arrumou outro marido para a filha.

– *Bento não é de perder* – explicou Gabriel. – *Ofendeu-se com a carta de Silas, que pensa ser de João, mas achou melhor ficar quieto e deixá-lo em paz temporariamente.*

– *Que assassino terrível ele é!* – exclamou Eduardo. – *Aqui estão seis desencarnados querendo vingar-se e aguardando sua morte.*

Gabriel suspirou e apontou para os desencarnados presentes:

– *A mãe dele, suas duas esposas e mais três pessoas que ele mandou matar, esses não o perdoaram. Ele cometeu mais assassinatos, foram doze crimes. Os outros não estão aqui porque perdoaram. Bento age imprudentemente e um dia sofrerá o que fez outros sofrerem. Ele, ainda enquanto encarnado, acabará por sentir o ódio desses espíritos e, quando desencarnar, não terá como fugir desse cerco.*

– *Acho que ninguém deveria odiar* – falou Eduardo. – *Queria socorrer esses obsessores. Eles nem responderam ao nosso bom-dia.*

– *Estão tão concentrados em suas mágoas que nem se importam de sofrer. Esquecem-se deles mesmos para viverem em função de uma vingança. Sofrem, mas querem fazer o outro sofrer. Mas a vingança cansa, não traz a alegria esperada e um dia prestarão atenção às suas necessidades e irão querer tranqüilidade, que somente o perdão dá.*

Silas não recebeu mais notícias dos tios e achou que eles o tinham esquecido.

Com os meninos maiores ajudando, a fazenda não estava precisando de tantos empregados e havia três casas vazias. Um casal veio lhes pedir emprego. A mulher era sadia, mas o homem era deficiente, tinha um braço atrofiado e mancava da perna esquerda.

– Senhor João – disse o homem –, preciso trabalhar. Sou aleijado, mas faço tudo o que um homem sem deficiência faz. Por ser assim, não arrumo emprego. Morávamos numa fazenda onde minha mulher era empregada, mas a senhora faleceu e os filhos dela nos mandaram embora. Estamos viajando e pedindo emprego, mas ninguém quis nos contratar. Peço-lhes, por Deus, uma chance.

– Temos casas vazias, mas no momento não precisamos de empregados – respondeu João.

Silas pediu ao pai que entrasse e deixaram o casal na varanda.

– Papai – disse Silas –, vamos empregá-los. O coitado não consegue emprego por ser deficiente. Podemos instalá-los numa das casas vazias. Colocá-lo para fazer serviços leves e ela para ajudar em casa.

– Silas, achei os dois desonestos. Conheço bem uma pessoa mal-intencionada. Eles não são boas pessoas!

– Papai, ele é aleijado! Vamos ajudá-los! – insistiu Silas.

– Está bem – concordou João. – Mas alerto-o de que eles não são honestos.

Silas os contratou. Ele iria fazer um serviço leve e ela trabalharia na casa. Ficaram muito contentes, foram para uma das casas, limparam, se instalaram e no outro dia estavam trabalhando. Eram quietos e pareciam prestativos.

Fazia uma semana que estavam na fazenda. Juvêncio e Salvador foram à cidade fazer compras. Bernadete, assustada, foi chamar Silas, que estava no seu quarto lendo.

– Menino Silas, vá rápido ao escritório. Seu pai está lá com aquele empregado aleijado ameaçando-o para que ele abra o cofre.

Silas correu. Encontrou no escritório o casal ameaçando Maria e João com uma arma. Seu pai estava com dois ferimentos no rosto, que sangravam. O homem, cínico, disse a Silas:

– O senhor João falou que não enxerga e que é você quem abre o cofre. Faça isso já, menino Silas, senão os mato!

E deu uma coronhada nas costas de Silas, que sentiu muita dor, respirou fundo e pediu:

– Nada de violência! Por favor, não machuque ninguém. É verdade, papai não enxerga direito. Eu abro o cofre.

E abriu, a mulher correu e pegou todo o dinheiro que havia. Os dois, rindo, rumaram para a porta; antes de irem, porém, o homem deu outra coronhada em Silas derrubando-o no chão. Eles saíram e trancaram a porta e o homem ameaçou:

– Fiquem quietos aí por meia hora, se pedirem socorro, eu atiro na primeira criança que vier na minha direção.

Maria e João correram para acudir Silas, que pediu:

– Vamos ficar quietos até que fujam, ele pode matar uma das nossas crianças.

– Eu senti que eles não eram boas pessoas – falou João.

– O senhor estava certo – concordou Silas.

– A danada da mulher demonstrou ser eficiente, limpava tudo muito bem. Deve ter ficado atenta e logo descobriu onde estava o cofre – falou Maria.

Minutos depois, Bernadete abriu a porta e informou que o casal tinha ido embora galopando com dois bons cavalos da fazenda.

Silas pediu que o levassem para a cama, três meninos maiores o carregaram e Maria o acomodou. João ordenou que um empregado fosse à cidade avisar a autoridade policial e o médico, e que outro empregado, por outro caminho, avisasse os vizinhos do lado esquerdo, para onde os dois ladrões se dirigiram. João, depois das ordens dadas, banhou-se e Maria fez-lhe curativos nos ferimentos.

Silas sentiu muitas dores nas costas e todos ficaram preocupados com ele. As crianças oraram e fizeram fila para beijá-lo. Silas, embora sofrendo, sorria para elas, tranqüilizando-as.

O médico chegou à tarde juntamente com os soldados, que perguntaram o que tinha acontecido e foram à procura dos dois ladrões.

Depois de examinar duas crianças adoentadas e Maria, que se queixava de algumas dores, foi ver Silas.

– As coronhadas não lhe quebraram osso algum – afirmou o médico. – Ficaram somente alguns hematomas, que vão desaparecer dentro de uns dias. Mas, por causa de sua deficiência, seus pulmões, coração e músculos ficam comprimidos, ocasionando dores e essas lhes serão constantes, pois sua coluna é torta. Passe estas pomadas e faça compressas para suavizar a dor.

– O senhor está querendo me dizer que terei dores constantes? Será que por ser dessa forma não viverei muito? – perguntou Silas.

– Não tenho como afirmar quantos anos uma pessoa viverá – respondeu o médico. – Mas, já que compreendeu, é mais ou menos isso que acho. Você força para andar e, com a idade, seus músculos e nervos doerão.

Silas agradeceu ao médico, que partiu, e ficou pensando:

"O que o médico disse faz sentido. Antes dessas coronhadas, já sentia dores nos pés, pernas e costas. Terei de me acostumar e não deixar que a dor me prive de nada, senão ela me vence."

Com as pomadas e compressas, a dor forte passou, e Silas levantou-se e voltou a agir normalmente. Cinco dias depois, os soldados passaram pela fazenda trazendo os dois cavalos roubados e informaram:

– Aquele casal assaltou a casa de dona Marcília, bateram nela e na empregada. Os vizinhos, alertados, porque o empregado do senhor João os tinha avisado, saíram para procurá-los; e, quando nós os encontramos, alguns empregados das fazendas já os haviam enforcado. Trouxe-lhes os dois cavalos e este dinheiro. É pouco, mas não sabemos o que eles fizeram com o resto.

Silas agradeceu-lhes e João mandou-lhes cuidar dos cavalos, que estavam muito cansados. Depois, os dois, pai e filho, foram conversar no escritório.

– Silas – falou João –, o dinheiro que tínhamos dava para nos manter por alguns meses, até a fazenda vender sua produção. Mas com essa quantia que nos devolveram não conseguiremos nos sustentar. Aqueles dois deveriam estar com mais dinheiro, que deve ter sido tentação para os homens que os mataram ou para os soldados. Nunca saberemos o que aconteceu com nosso dinheiro. Estou preocupado! O que faremos?

– Papai, temos as jóias! Guardei-as numa gaveta trancada no meu quarto. Que me importam as jóias? Não as uso e não tenho por que guardá-las. Vamos vendê-las?

– Ainda bem, Silas, que não as guardou no cofre. Você tem razão, as jóias não nos servem para nada.

Silas escreveu um bilhete para o padre José pedindo-lhe para ir à fazenda e mandou um empregado entregá-lo. À noite, escondido, entrou na saleta de sua mãe, abriu o cofre e pegou todas as jóias. No outro dia, com a visita do padre, Silas explicou-lhe suas dificuldades e pediu:

– O senhor poderia vendê-las para mim?

– Vendo-as sim! Tenho muitas paroquianas que com certeza as comprarão – respondeu padre José.

Silas pegou-as e entregou-as ao padre, que se despediu prometendo voltar logo com o dinheiro que arrecadaria. João, ao ficar a sós com Silas, falou:

– Não gosto de falar "eu avisei"! Mas vou alertá-lo: escute os mais experientes e siga seus instintos. O instinto dificilmente nos leva ao erro. Olhei para aquele casal e não gostei deles, de seus modos. Meu instinto me alertou: perigo. Mas como você quis contratá-los, fiquei atento, pensei que iriam demorar em aprontar alguma coisa errada e infelizmente fizeram pior que eu esperava.

– O senhor, papai, tem toda a razão de me chamar atenção. Realmente, fiquei com dó, não quis seguir a razão, deixei-me dominar pelo coração e nós fomos prejudicados.

– Você não ficou chateado em vender as jóias? – perguntou João. – Eram de sua mãe e algumas de sua irmã.

– Não fiquei! – respondeu Silas. – Estavam guardadas e sem uso. Precisamos de dinheiro. Se o padre vender todas, teremos dinheiro para consertar o telhado e as casas dos empregados.

– Silas, você amanhã vai fazer vinte e cinco anos. O tempo passou rápido. Algumas de nossas crianças já se tornaram adultas. Inês e André vão se casar e ficarão como empregados na fazenda. A primeira casa a ser reformada será aquela em que eles irão morar. Felipe e Marcos vão trabalhar na cidade. Receberemos na semana que vem dois órfãos que padre José trará. Uns vão e outros vêm.

Silas pensou que realmente o tempo passava rápido. Com tanto trabalho, não sentiu os anos passarem.

Os dois amigos desencarnados escutaram João e Silas conversando e Eduardo perguntou:

– *Silas está cumprindo o que planejou antes de reencarnar, não é?*

– *Não se traçam todos os detalhes de uma encarnação* – respondeu Gabriel. – *Podemos fazer planos, mas realizá-los ou não depende de muitos fatores, principalmente do nosso livre-arbítrio. É muito fácil nos perdermos na ilusão que o plano físico oferece. Silas não fez planos do que ele iria fazer; entretanto, queria provar a si mesmo que iria fazer o bem sendo deficiente e com dores.*

– Não tem como aliviar suas dores? – Eduardo quis saber.

– Se ele quis isso para si, por que iremos interferir? Com que direito? Ele, porém, recebe muitas bênçãos. No plano espiritual, inúmeros pais agradecidos oram muito por ele. As crianças o amam e o amor irradia luz e energia benéfica. Silas ora muito e tudo isso o tem ajudado. Ele não dá importância às suas dores, que se enfraquecem e são superadas.

– Francisco, meu amigo de escola, me contou que suas duas avós tinham a mesma doença. Uma era otimista, mesmo com dores, estava sempre rindo e trabalhando, enquanto a outra vivia reclamando que não podia fazer nada, que sentia muitas dores. Resultado: a que estava sempre se queixando ficou acamada, não levantou mais do leito e desencarnou cinco anos antes da outra. O pai do Francisco falava que uma dava muita importância à doença e a outra não.

– Acho que o pai do Francisco está certo – opinou Gabriel. *– Devemos cuidar bem do corpo físico, querer ser saudáveis e fazer tudo o que estiver ao nosso alcance para mantê-lo sadio. Mas devemos também estar cientes de que nele habita o espírito. Um dia, a doença vence, porque temos de ter motivos para mudar do plano físico para o espiritual. Isso se não acontecer um acidente que nos leve a desencarnar, como ocorreu com você. Mas, com certeza, tem-se uma existência encarnada melhor sendo otimista e queixando-se menos.*

– João falou que pelo instinto percebeu que aqueles dois não eram boas pessoas. Silas disse que seguiu seu coração. Não entendi – falou Eduardo.

– *Todos nós, seres vivos, temos instintos* – explicou Gabriel. – *Os animais os usam mais. Nós, que desenvolvemos a inteligência, usamos mais a razão e às vezes resolvemos os problemas levados pelos sentimentos. João quis dizer que percebeu que o casal não era honesto, que iria fazer algo de errado. Já Silas apiedou-se e quis ajudá-los. Deficiência não é sinônimo de bom ou de mau. Pode-se ter o corpo físico doente por vários motivos, como uma reação a atos indevidos ou por escolha. O casal teve uma oportunidade; foram aqui bem tratados e como haviam planejado, roubaram e fugiram. Como eles, ao entrarem na fazenda, já estavam mal-intencionados, João captou e Silas não, porque teve dó do homem por ele ser deficiente, talvez por ser também. Foi lamentável os dois não terem aproveitado a oportunidade que Silas lhes deu. O casal era ladrão e já tinha roubado em muitos lugares, eram de longe, desconhecidos por aqui. Na fazenda, poderiam ter-se modificado e se tornado honestos. Acabaram assassinados e foram para o umbral, onde com certeza aprenderão pela dor. Mas a ação de Silas será por eles lembrada, principalmente porque ele tem orado pelos dois. Vamos embora agora e espero que o padre José venda as jóias para Silas ter o dinheiro de que necessita.*

Volitaram e Eduardo exclamou:

– *Olhando o casarão daqui de cima, parece mesmo um castelo. Acho que essa casa é o meu castelo dos sonhos. Um lugar onde a caridade reina com amor. Estou aprendendo muito com Silas.*

– *Aprendemos com bons exemplos* – falou Gabriel. – *Você tem razão, Silas está ensinando a muitos.*

CAPÍTULO DEZ

A SECA

PADRE JOSÉ VENDEU TODAS AS JÓIAS. ALGUMAS NA cidade mesmo, outras onde o bispo morava. Silas alegrou-se, o dinheiro era mais que o previsto. Começaram o conserto das casas.

– Silas – disse João –, quando eu era moço, aprendi a usar armas. Ontem fui verificar a arma de seu pai, ela está estragada e não tem munição. Será que não é melhor nos prevenirmos? Fomos roubados e um de nossos meninos atingido.

– Não gosto de armas – respondeu Silas. – Mas o senhor tem razão. Meus tios, sabendo que estamos armados, com certeza não vão querer mandar seus matadores aqui. Vou pedir ao Juvêncio para ir à cidade e pedir ao senhor Manolo, o dono do armazém, para nos trazer armas e munições. O senhor as escolherá e pediremos ao senhor Manolo que ensine Juvêncio,

Salvador e Lúcio a atirar. Vamos deixar duas armas em casa, em lugar trancado para nenhuma criança pegar. Juvêncio e Salvador deverão vigiar a fazenda armados.

No outro dia, o senhor Manolo veio, ensinou-os a atirar, até Silas aprendeu. João comprou armas e munições. Silas recomendou para terem muito cuidado com elas, que as armas seriam somente usadas para defesa ou para intimidar pessoas mal-intencionadas.

"Que triste ter de me defender dos meus únicos parentes consangüíneos", pensou Silas.

Estava a região passando por uma estiagem e, na época das chuvas, estas não vieram e ocorreu uma seca como ninguém vira antes.

Todas as casas estavam consertadas e Silas ficou com uma boa reserva de dinheiro. Perceberam então que ele tinha razão quando anos antes tomara a iniciativa de fazer aqueles buracos e arborizar a nascente e o caminho por onde ela escoava.

Começou a faltar água e todos começaram a racioná-la. E com a seca veio a fome. Silas também pediu que gastassem menos água e fez um esquema para isso. Toda a água era reaproveitada, as crianças participavam e ajudavam na sua distribuição. Dois dos buracos secaram e ficaram profundos e, para os animais não caírem, foram cercados.

Silas, diante de tantos transtornos, teve de usar o dinheiro guardado. Muitas outras crianças foram deixadas na fazenda, com a promessa dos pais de que, assim que pudessem, voltariam para buscá-los.

– Os pais trazem para que não morram de fome! – comentou João.

Foi difícil acomodar mais trinta crianças. A nascente diminuiu muito pouco, mas o açude, sem as chuvas, abaixou bastante.

A água da nascente ia para o açude e o excedente corria para o rio, mas antes passavam pelas terras de três fazendeiros. Esses vieram pedir a João para não retê-las toda, porque senão seus animais morreriam de sede. Silas ordenou que, por algumas horas todos os dias, desviaria as águas da nascente do açude para o escoadouro que chamavam de córrego, para os vizinhos desfrutarem d'água.

Do lado norte, a fazenda fazia divisa com um pequeno sítio. Seu proprietário, que morava com a família, teve seus poços secos e foi pedir água a João. Silas foi quem os recebeu: o pai, senhor Joaquim, e sua filha Pérola, uma moça muito bonita, que encantou Silas. Pela primeira vez, olhou para uma mulher e sentiu seu coração disparar. Parecia que a conhecia, porém era a primeira vez que a via. Ele convidou as visitas a entrar. O senhor Joaquim queixou-se da situação e pediu água. Pérola ficou quieta, cabeça baixa, de vez em quando levantava os olhos e percebeu que Silas a olhava encantado. Sorriu algumas vezes. Silas deu ao senhor Joaquim ração para seus animais.

– Aceite vizinho; quando puder, o senhor me paga, leve alguns mantimentos e pode vir buscar água.

O senhor Joaquim agradeceu muito.

Ele passou a ir de charrete com barris e os enchia com a água do açude. Pérola ia junto e Silas esperava-os ansioso as duas vezes na semana para vê-la. Ia para o açude e ficava conversando com Pérola, enquanto o senhor Joaquim enchia os barris. Pérola era gentil com ele, mas mudava de assunto quando Silas abordava o tema namoro. Ele estava gostando dela.

Silas emprestou dinheiro aos vizinhos, deu água, alimentos. E a chuva caiu para alívio de todos os moradores da região. Todos agradeceram a João e a Silas, mas ainda precisaram da ajuda deles. Silas gastou todo o dinheiro guardado, mas agradeceu por ter tido as jóias, que se converteram em alimentos.

A rotina dos moradores da região começou a se normalizar, voltaram a plantar, o pasto voltou a ser verde. Os pais vieram realmente buscar os filhos. Das trinta crianças ficou somente uma menina, cujos pais mudaram para longe.

Pérola não foi mais à fazenda. Silas sentia muitas saudades dela e resolveu visitá-los. Foi recebido pelo senhor Joaquim e esposa com muito carinho. Pérola ficou quieta o tempo todo em que ficou na sala. Quando Silas se despediu, Pérola disse que ia acompanhá-lo. Ele sentiu o coração bater tão forte que parecia querer sair pela boca. Silas fora a cavalo.

– Vamos andando até a porteira, puxe o cavalo pela rédea – disse Pérola.

Andaram devagar. Silas queria falar, mas não conseguia.

– Senhor Silas – falou Pérola –, sou profundamente grata ao senhor por ter nos ajudado nesse período tão difícil pelo qual passamos. Quero lhe dizer que eu estou quase noiva.

Vou casar logo. Não falei antes porque papai percebeu seu interesse por mim, achou que se soubesse, não iria nos ajudar. Tive de obedecer-lhe contra a minha vontade. Não quis lhe dar esperança. Amo meu namorado e sou amada. Espero que compreenda. Por favor, não me queira mal.

Silas não respondeu. Tivera muitas esperanças de ser aceito e amado por ela. Olhou a sombra à frente, viu a de Pérola, esbelta, andando cadenciado e a dele toda torta. Pela primeira vez se entristeceu por ser feio. Lágrimas quiseram brotar dos seus olhos, ele se esforçou para não demonstrar seus sentimentos, que eram confusos naquele momento. Ela, inquieta diante de silêncio, perguntou em tom de súplica:

– O senhor não ficou zangado, não é?

Zangado não era o termo certo para defini-lo. Mesmo desiludido, respirou fundo e se esforçou para responder tranqüilamente:

– Claro que não estou zangado. Você não me fez nada. Desejo que seja feliz ao lado de seu noivo. Agora vou embora. Pode deixar que abro e fecho a porteira. Até logo!

Subiu no cavalo e partiu sem olhar para trás. Abriu a porteira e ao fechar olhou para ela. Pérola andava apressada rumo à casa. Silas fez o animal cavalgar rápido e, ao se distanciar, chorou.

"Que tolice a minha achar que Pérola, tão graciosa, pudesse se interessar por mim, uma pessoa com deficiência física e feio."

– *Não fique com dó de você!* – gritou Gabriel.

Silas não o escutou, mas sentiu a energia do amigo e pensou:

"Não vou ficar me lamentando. Sou feio, aleijado, estou tendo muitas dores, mas ando, falo, enxergo, ouço, sou inteligente e tenho muitos amigos. Pérola é uma boa pessoa, obedeceu ao pai, por isso ia à fazenda. O senhor Joaquim achou, por sua ignorância, que se a filha não fosse, eu não lhe cederia água. Se ela já gostava de outro, não poderia gostar de mim. Não quero sentir raiva nem ciúme. Antes sofrer por amor que nunca amar! Isso dizem os poetas. Mas antes tinha sossego e foi o amor que o tirou de mim. Quero voltar a ter paz. Esse amor que sinto por Pérola deve ficar lá no fundo do meu coração."

Depois de chorar bastante, voltou para casa. Entrou na saleta de sua mãe, sentou-se na poltrona gasta e velha.

"Se meus pais não tivessem falecido, como teria sido minha vida? Meus irmãos teriam casado, talvez eu também com alguma moça escolhida por papai. Não! Não casaria com alguém sabendo que lhe causaria nojo. Estaria solteiro. Fazendo o quê? Talvez cuidando da fazenda. Mas eles morreram, eu fiquei sozinho e tive de decidir o que fazer e não me arrependo do que fiz."

– Paidinho, posso entrar e lhe dar um beijo? – pediu Celina, uma garotinha de nove anos.

– Claro que pode! – respondeu ele.

A menina lhe deu dois sonoros beijos e passou as mãozinhas em seu rosto.

– Como você me vê, Celina? – perguntou Silas.

Ela ficou parada olhando-o. Silas achou que a garota não iria responder por não ter entendido a pergunta, mas Celina respondeu deixando-o admirado:

– Como a pessoa mais bondosa do mundo. Eu o amo!

– Sou feio? – quis Silas saber.

– Não acho o Paidinho feio, aqui ninguém acha. Para mim, o Paidinho é lindo! – exclamou Celina sorrindo e saiu correndo para brincar.

"Quem ama o feio, bonito lhe parece!", pensou Silas. "Acho que esse provérbio é verdadeiro. Eu também acho todas essas crianças bonitas. Eu as amo! Crianças vêem as pessoas de modo diferente. Acho que elas sentem mais do que vêem."

– Que está fazendo aqui sozinho e pensativo, Silas? – perguntou Maria entrando na saleta e sentando numa cadeira ao seu lado. – Você não tinha ido à casa do senhor Joaquim? Alguma contrariedade? Viu Pérola ou conversou com ela?

– Fui e já voltei. Também vi Pérola e conversei com ela. Ela ficará noiva e casará logo.

– Você ficou muito triste? – quis saber Maria, preocupada.

– Fiquei, mas passa – respondeu Silas. – O senhor Joaquim a obrigava a vir aqui, ele tinha medo de não receber água, se ela não viesse.

– Ignorância! Você deu água a todos os que lhe pediram. Pena que Pérola não conseguiu vê-lo como você é. Pior para ela!

– Maria, eu a compreendo. O noivo deve ser jovem e bonito.

– Às vezes – disse Maria –, nós não entendemos o porquê de certos acontecimentos. Com o passar dos anos é que compreendemos que aquele ato desagradável foi o melhor para nós. Você estava encantado com ela, enamorado. Se Pérola o aceitasse, certamente casariam, e onde morariam? Ela iria querer morar nesta casa com todas essas crianças?

– Pensei em fazer outra casa ao lado – respondeu Silas demonstrando que fizera planos.

Maria o olhou com muito carinho e pediu:

– Não sofra, Silas! Esforce-se para ficar bem. Confie no tempo, ele é o melhor remédio, cura sem deixar cicatrizes os sofrimentos provocados por uma desilusão amorosa.

– Você já amou? – perguntou Silas. – Lembro de você sempre morando aqui em casa. Não recebe nem salário.

– Tenho tudo de que preciso, para que receber salário? – falou Maria. – Estou aqui realmente há muitos anos. Sua mãe e eu éramos amigas. É estranho uma patroa ter amizade com a empregada, mas éramos amigas e confidentes. Gostava muito de sua mãe. Violeta e eu crescemos juntas, os seus avós me criaram quando fiquei órfã. Quando ela se casou com seu pai, vim junto. Eu tive alguns pretendentes e um mais afoito, conseguiu fazer com que me interessasse por ele. Tinha o mesmo nome que o seu, chamava-se Silas. Namoramos, mas ele era muito ciumento e mandão. Isso me incomodava. Achando que iria amá-lo, resolvi terminar o namoro. Por quê? Na época não entendi bem o porquê, achava que não queria ser dominada, sentia que ele iria me impedir de fazer algo. Agora compreendo.

Ele não me deixaria trabalhar, eu não teria ficado aqui, não teria ajudado você e não seria a madrinha dessas crianças. Sinto, Silas, sem entender como ou por quê, era isto que eu tinha de fazer: cuidar nesta vida desses órfãos. Aprender a amar muitas pessoas em vez de uma somente.

– Você o esqueceu? – Silas perguntou curioso.

– Não penso nele e raramente lembro desse namoro. Com certeza, se tivesse casado com ele não estaria tranqüila como estou agora. Sinto agora que nasci para fazer isso e ninguém poderia atrapalhar.

Bernadete a chamou e Maria saiu da sala. Silas sentiu-se bem melhor com o carinho de Celina e a conversa de Maria. Concluiu:

"Pérola deve ficar como uma lembrança agradável. Não vou mais vê-la nem quero saber nada mais de sua vida. A minha, Deus a traçou: sou o Paidinho querido de minhas crianças."

Levantou-se e foi fazer a contabilidade. Martinho, um garotinho de dez anos, veio chorando, sentou-se ao lado dele e falou:

– Paidinho, vi de novo aquele morto! A assombração! A alma penada!

Silas passou a mão com carinho em sua cabeça e disse:

– Não fale assim! Tantos adjetivos!

– É adjetivo o que vejo? – indagou Martinho.

– Não, meu bem – respondeu Silas –, você somente vê almas, não tenha medo. Finja que não as vê.

– Eles não acreditam em mim e me chamam de mentiroso.

– Você não mente. Eu acredito em você! Me conta o que viu desta vez – pediu Silas.

– Vi duas pessoas – falou o menino. – Um homem e uma mulher que sorriram para mim e a mulher disse: "Diga ao Paidinho que nós o amamos e que ele é a alma mais linda que já vimos. Que agradecemos por ele cuidar dos nossos tesouros." Será, Paidinho, que aqui existe tesouro?

– Acho, Martinho, que o "tesouro" a que se referiram são seus filhos. Algumas das crianças que aqui estão devem ser filhos deles. Martinho, não diga a ninguém que vê essas almas, já lhe pedi, fale somente para mim. Não quero que o padre José ou as pessoas da cidade saibam. Você me promete?

– Por que não posso falar? – perguntou o garoto.

– Somos todos diferentes – respondeu Silas. – Algumas são mais. Eu sou deficiente físico, tenho dificuldades, outro é mais doente, como Lúcio; Anselmo não anda mais e você vê almas. Não sei explicar por que isso acontece, como também não sei falar por que eu sou assim. Muitas pessoas não entendem a minha deficiência e me acham feio; outras têm medo de contrair a doença de Lúcio; algumas acham que Anselmo dá trabalho. Como a maioria não vê o que você vê, não acredita. Você, não falando, não será chamado de mentiroso.

– Acho que estou entendendo! – exclamou Martinho. – Muitas pessoas acham o Paidinho feio, mas eu não acho! Não tenho medo de Lúcio nem de Anselmo. Eu sou diferente como o Paidinho. Não vou falar a mais ninguém o que vejo, direi somente ao senhor.

– Isso, meu bem, fale somente para mim. Agora prometa!

– Prometo! – exclamou Martinho, sério.

O menino saiu correndo e Silas ficou pensando:

"Ao explicar a Martinho, compreendi que somos diferentes e às vezes essas diversidades são mais evidentes. Não quero que Martinho fale o que vê. Se a Igreja souber, vão querer exorcizá-lo. E fazem cada barbaridade! O melhor é protegê-lo! Não acredito que Martinho veja demônios. Um casal sorrindo! Que recado bonito! São gratos! Eles me vêem bonito! Com certeza me amam. Se Pérola me amasse me acharia bonito. Não quero pensar mais nela! Vou trabalhar!"

Dois meses depois ficou sabendo que Pérola casara e fora morar numa cidade distante dali. Ele ainda pensava muito nela e esforçou-se para não ficar triste. Orou para ela ser feliz.

E tudo voltou à normalidade na fazenda. Todos os vizinhos pagaram o que deviam a eles. As crianças se tornaram jovens, foram embora, casando e arrumando empregos, e outras crianças foram chegando. Lúcio ficou. Por ser doente, ele não arrumava emprego e tornou-se professor da meninada. Anselmo ficou também, não andava, mas era alegre, brincava com as crianças e cavalgava, era amarrado na cela e passou a administrar a fazenda. Observador, verificava todo o trabalho. Gentil e educado, todos gostavam dele e acatavam suas ordens.

– Silas, senhor João, aconteceu uma desgraça!

Todos correram para a sala. As crianças olharam para Juvêncio assustadas. Ao ver a meninada aflita, ele ficou quieto sem saber o que fazer. João ordenou:

– Fale a elas somente o que irão saber, depois venha ao escritório.

Juvêncio respirou fundo, acalmou-se e falou devagar:

– Houve um assalto na casa do bosque, acho que a senhora que mora lá faleceu.

– Que pena! Ela era tão bonita! – exclamou uma criança.

– Meninada, voltem ao que estavam fazendo – ordenou Silas. – Vocês já sabem o que aconteceu.

As crianças saíram da sala. Juvêncio, Silas, João e Maria entraram no escritório.

– Agora, Juvêncio, conte o que aconteceu – pediu João.

– Espere! – falou Maria.

Abriu a porta, quatro garotos estavam encostados nela querendo escutar a conversa.

– Que feio! – repreendeu Silas. – Vão já daqui! Nós vamos falar das providências a serem tomadas. Andem! Senão ficarão de castigo!

Eles correram. Maria fechou a porta e recomendou:

– Falem baixo!

– Não tenho muito mais o que falar – disse Juvêncio. – Um menino, filho da senhora da casa do bosque, veio nos pedir socorro. Salvador e eu fomos lá. Tudo estava revirado na casa. A menina, a filha dela mais velha, estava no quarto, machucada, parece que não ouve nem fala nada. O outro garoto apontou para onde levaram a mãe dele. Isso foi terrível! Nós a achamos no quintal, estava nua, acho que foi estuprada e estrangulada. Vim avisá-los, mas deixei Salvador lá.

– Meu Deus! Que horror! Que violência! – exclamou Maria assustada.

– Juvêncio – disse João –, vá à cidade com Carlão. Você discretamente informa o que ocorreu para o padre José e Carlão avisa os soldados. Maria, vá de charrete com Bernadete e tragam as crianças para cá. Peça ao Salvador para ficar lá até chegarem as pessoas da cidade.

Maria e Juvêncio saíram correndo para cumprir as ordens.

Uma hora depois, Maria e Bernadete voltaram com as crianças: a menina Alana, a mais velha, já quase mocinha, tinha doze anos, e os dois meninos, todos muito assustados. Maria veio abraçando a garota, que estava parada, não chorava nem falava. Desceram da charrete, todos os três estavam feridos, mas sem gravidade.

– Arrume para os meninos se banharem – pediu Silas. – E dê você, Maria, um banho na menina. Depois cuidaremos de seus ferimentos.

– Ela foi estuprada! – disse Maria, baixinho, a Silas.

– Faça-a chorar, Maria – pediu Silas.

Maria, com seu jeito amoroso, levou Alana para o banheiro, para a sala de banho das meninas e Bernadete arrumou o banho para os garotos. Depois que os dois meninos se banharam e vestiram roupas de casa, Silas, com carinho, fez curativos. Eles choraram e Silas os consolou.

A menina, com os carinhos de Maria, saiu do estado de choque, chorou gritando, assustando as crianças.

– Ela chora a morte da mãe – explicou Silas.

Muitas crianças choraram também.

Maria acalmou a menina, deu a ela chás calmantes, cuidou de seus ferimentos e a levou para seu quarto.

Salvador, Juvêncio e Carlão retornaram e Juvêncio deu as notícias.

– Padre José veio com os soldados. Ele levou a mulher para ser enterrada na cidade e os soldados foram atrás dos assassinos.

Dias se passaram. Alana dormia somente com chás calmantes fortes e os dois meninos, que já eram conhecidos da criançada da fazenda por serem vizinhos, embora tristes e abatidos, se enturmaram.

Quinze dias depois da tragédia, padre José foi à fazenda. A meninada, que gostava muito dele, como sempre, correu para recebê-lo e pedir a bênção. Ele as abençoou. Viu seus dois meninos e os abraçou. Depois foi conversar com Silas e pediu:

– Vim aqui rogar para que fique com eles.

– Claro que eles podem ficar – respondeu Silas.

Os dois garotos ficaram um de cada lado do padre segurando sua batina e o mais velho perguntou:

– Mamãe não vai voltar?

– Não. Ela foi morar no céu – respondeu padre José.

– Por que ela não nos levou? – perguntou novamente o menino.

– Para o céu vão somente aqueles que morreram – respondeu o padre se esforçando para não chorar.

– Aqueles homens maldosos a mataram – falou o garoto.

– Sua mamãe continuará amando muito vocês e lá do céu os olhará. Agora vão brincar, vou conversar com Silas – pediu padre José.

Foram ao escritório e Silas fechou a porta. Esperou que padre José falasse; após alguns instantes de silêncio, o sacerdote disse baixinho:

– Silas, mataram a mulher que eu amava. Deveria ter escutado seu conselho, saído da Igreja e ido para longe com ela e as crianças. Mas não tive coragem e veja o que aconteceu pela minha covardia! – suspirou tristemente e perguntou: – Não vi Alana, como ela está?

– Ela está muito quieta e chora muito. Temos nos desdobrado em carinho, mas Alana aceita somente os afagos de Maria. Está até dormindo no quarto com ela junto de dois nenês. Sua filha foi estuprada pelos assassinos.

Padre José chorou. Depois, acalmando-se, perguntou:

– Você cuida deles por mim?

– Aqui eles estarão protegidos e serão bem cuidados – respondeu Silas.

– Não duvido disso – falou padre José. – Tenho acompanhado seu trabalho e sei que aqui todos são bem tratados. Essas três crianças não têm registro de filiação paterna, em suas certidões consta pai desconhecido. Amo-os muito e a menina é como se fosse minha filha. Os três não sabem quem é o pai deles. Minha amada dizia aos filhos que não era casada e que o pai deles tinha falecido. Encontrava-me com ela escondido e foram poucas as vezes que me viram, achavam que eu os estava visitando. Talvez quando ficarem adultos vão querer saber quem era o pai deles. Se me perguntarem, direi a verdade. Mas, no momento, é melhor eles não saberem o que eu sou deles. – Fez uma pausa e pediu: – Silas, gostaria de ir à casa do bosque pegar as roupas das crianças e os objetos da mãe, que poderão guardar. Um empregado seu não poderia ir comigo?

– Pedirei ao Juvêncio e ao Salvador para acompanhá-lo, eles estão armados – respondeu Silas.

– Esses criminosos já fizeram o que queriam, não voltarão mais.

– Eles foram presos? – perguntou Silas.

– Não foram nem serão – respondeu padre José.

– Parece que o senhor sabe quem são – desconfiou Silas.

– Quem são eu não sei, mas desconfio do mandante. Pelos soldados, foram três, e as crianças viram três homens. São profissionais, fizeram o serviço e foram embora, devem ser de longe. Silas, vou lhe contar tudo que sei. O bispo anterior sabia do meu envolvimento amoroso, ele era bondoso, gostávamos muito um do outro, ele me entendia mas me aconselhava a terminar. Ele ficou sabendo porque recebia cartas anônimas de pessoas da cidade. Acho que essas cartas foram escritas por mulheres carolas, defensoras, do modo delas, da boa moral. Esse bispo foi transferido e veio outro no lugar dele, que logo também recebeu cartas. Ele não aceitou meu comportamento.

– O senhor acha que foi o bispo o mandante? – perguntou Silas admirado.

– Não, mas ele deve ter discretamente orientado uma certa mulher da cidade a fazê-lo – respondeu padre José.

– O senhor sabendo de tudo irá tomar alguma providência?

– Não vou fazer nada. Errei e estou pagando caro pelo meu erro. Se eu me queixar ao bispo ou dele, certamente serei transferido para longe daqui ou levado a julgamento. Então ficarei preso em algum convento. Quero ficar aqui e ver de vez em quando meus filhos. Estou agindo como se nada tivesse acontecido e conhecesse somente de vista a senhora da casa do bosque. Essa mulher de quem desconfio já tentou muitas vezes me seduzir, me quer como seu amante. Cheguei a ser ríspido com ela, tratava-a com indiferença. Agora, sou gentil e ajo de tal modo que não fico sozinho com ela. Não quero me envolver com mais ninguém. Serei daqui para a frente um padre que respeitará os dogmas da Igreja, um sacerdote correto, o que desde que vesti a batina deveria ter sido.

Padre José despediu-se de todos da casa e foi com os empregados à casa do bosque. Juvêncio, ao retornar, disse a Silas:

– Fiquei com muita pena do padre. Ao chegarmos lá, ele se esforçou para não chorar. Pegou roupas, brinquedos e alguns objetos, colocou-os nestes sacos e nos pediu para trazê-los. Ao se despedir de nós, ele disse: "Vamos deixar a porta da frente aberta, encostada, esta casa poderá servir de abrigo a algum viajante". Ele voltou à cidade.

Padre José passou a ir menos à fazenda. Quando ia, era recebido com festa, tratava todas as crianças igualmente e elas gostavam muito dele. O sacerdote cumpriu o que prometeu, não ficaram mais sabendo que ele se envolvera com alguém. Os dois meninos, filhos dele, estavam felizes. Ali, todos eram órfãos, mas não sentiam ser, pois recebiam muito amor. Alana era trabalhadora e gostava de cozinhar. Tinha medo de homens, não se aproximava nem de Silas, ficava muito com Maria. Era quieta, triste, mas tranqüila e carinhosa com as crianças pequenas.

Três anos se passaram.

CAPÍTULO ONZE

E O TEMPO FOI PASSANDO...

MARTINHO FOI CORRENDO, PUXOU SILAS PARA UM canto do jardim e disse afobado:

– Paidinho, vi de novo aquela mulher estranha, a morta, está na porteira. Ela não consegue entrar.

– Descreva-a para mim. Como ela é? – pediu Silas.

– Não deu para ver direito, fiquei com medo. Ela está suja, descabelada e chora muito.

Silas pensou quem poderia ser. De repente, lembrou da senhora que morava na casa do bosque.

"Será ela? Estará perdida, vagando e sofrendo? Coitada!", pensou ele.

– *Vá lá com Martinho e converse com ela!* – pediu Gabriel.

Silas e Martinho ficaram quietos, e Eduardo perguntou:

– *Gabriel, será que dará certo? Silas e Martinho saberão orientá-la?*

– *Ela não nos vê* – respondeu Gabriel. – *Está revoltada, magoada com as maldades que recebeu e com ódio daqueles homens. Vibrando assim, ela vê somente outros desencarnados como ela e os encarnados. Não consegue entrar na fazenda. Esse local, pela vivência de seus moradores e pelas orações, é cercado por uma energia que impede os espíritos perturbados e maus de entrarem.*

– Martinho, será que ela ainda está na porteira? – perguntou Silas.

– Não sei, acho que sim.

– Você ficou com pena dela? – Silas quis saber.

– Fiquei – respondeu o menino.

– Vamos lá conversar com ela.

– Conversar? Mas como? – perguntou Martinho.

– Você vê e me diz o que está vendo e repete o que ela falar. Conversarei com ela. Talvez se fizermos o que ela quer, vá embora. Você tem medo?

– Com o Paidinho, não temerei. Afinal, vejo e escuto morto com medo ou sem medo – respondeu o garoto.

– Então vamos pelo outro lado, andaremos mais um pouco, as crianças não nos verão – determinou Silas.

Entraram na casa, saíram pela porta dos fundos e foram para a porteira.

– Ela ainda está lá, Paidinho – informou Martinho. – Está sentada no chão e chora.

Silas orou com fervor pedindo a Deus que ajudasse aquela alma.

– Paidinho, ela se levantou e está nos olhando. Agora gritou o seu nome.

– Estou indo – disse Silas, alto. – Espere! Vou falar com você.

Aproximaram-se, Martinho segurou com força a mão de Silas e falou baixinho:

– Ela está muito feia!

– Não dê palpites – pediu Silas ao menino. – Fale somente o que escutar.

Silas parou em frente ao lugar que Martinho apontou e disse calmamente:

– Senhora, vim aqui para ajudá-la. Por favor, não tenha medo e converse conosco.

– Estou escutando-a, ela diz: que "não tem medo do menino Silas", sabe que "o senhor é bom".

Martinho falava ora fechando apertado os olhos, ora abrindo. Os dois estavam com medo e ficaram bem pertinho um do outro.

– O que a senhora deseja? – perguntou Silas.

Ficaram em silêncio por alguns instantes e Martinho falou baixinho:

– Acho, Paidinho, que ela o escuta. Está falando: "Não sei por que me tiraram meus filhos. Estou sozinha, perdida, machucada, José não vem mais me ver".

– Como posso ajudá-la? – perguntou Silas.

– Paidinho, estou vendo duas luzes, são dois homens que se aproximam dela. Parecem ser bondosos, estão sorrindo para mim – falou Martinho abrindo muito os olhos.

O menino se tranqüilizou. Silas sentia medo, porém achava que tinha de resolver aquela situação. Alguém estava sofrendo. E ele não gostava de ver ou saber que um ente sofria. Se ele poderia ajudar, tinha de fazê-lo e o medo não deveria ser empecilho.

– Será que ela está vendo esses dois seres de luz?

– Não sei – respondeu Martinho. – Os dois senhores se aproximaram, estão perto dela, que está mais calma, encostou-se no mourão da cerca, está chorando baixinho e lágrimas escorrem pelo rosto.

– Como posso ajudá-la? O que a senhora deseja? – perguntou Silas novamente olhando para o mourão que Martinho indicara.

– "Não sei" – disse Martinho repetindo o que a mulher falava. – "Quero entrar e ver meus filhos". Paidinho, o senhor mais velho está pedindo que eu repita o que ele fala. Ele disse: "A senhora não pode ir para perto de seus filhos assim como está: machucada e amargurada. Suas crianças estão bem. Para vê-las, a senhora precisa também estar bem. Vamos recordar um pouquinho dos acontecimentos que lhe causaram tantas dores". Paidinho, agora é a mulher que está falando: "Eles bateram em mim, me maltrataram, senti muito medo. Acho que desmaiei, quando acordei estava na casa sozinha. Estou sofrendo muito! É castigo!".

Martinho calou-se, esperou alguns instantes e retornou a falar:

– Paidinho, acho que a mulher está vendo os dois homens agora. Ela os olha examinando-os. A senhora passou as mãos pelos cabelos e está segurando o vestido rasgado. O homem está falando: "Minha filha, calma, não tenha receio. A senhora tem medo de morrer?" Ela está respondendo: "Tenho muito medo! Irei para o inferno! Sou mulher do padre!" O senhor olha para ela com carinho e esclarece: "Filha, a senhora já sofre tanto! Não tema pedir auxílio a Deus. Ele é Pai Amoroso, que nos ajuda sempre. Todos aqueles que se arrependem e pedem perdão Deus perdoa!" Paidinho ela está prestando muita atenção e fala: "Mas eu não me arrependo de ter amado José. Ele foi a única pessoa boa na minha vida". Está chorando de novo, o senhor a abraça, agora a senhora os escuta, mas vou repetir o que conversam para o Paidinho saber. Ele está falando: "Senhora, perdoe aqueles homens que a maltrataram. Perdoe para ser perdoada. Observe seu corpo, o meu, de Silas e Martinho". A mulher está nos olhando admirada e pergunta: "Por que sou assim? Nós somos diferentes?" O senhor explica: "A morte chega para todos nós". Ela olha para o senhor assustada e pergunta: "Eu morri?! O senhor está querendo me dizer que eu já morri? Não sei se fico aliviada ou não! É por isso que somente esse menino me vê? É por isso que tudo mudou? José não me abandonou? E, agora, o que faço? Irei para o inferno? Queimarei para sempre?" O senhor responde: "Não, minha filha, a senhora não vai ser queimada. Está sofrendo porque não perdoou aqueles homens e pelo ódio que sente. Como precisa de perdão, deve perdoar. Perdoe e venha conosco. Vamos levá-la para um lugar onde receberá o tratamento de que necessita". "Ficarei limpa?" "Sim, assim como nós". "Eu vou". Paidinho, ela está adormecendo e o senhor a ampara em seus braços como se ela fosse uma criancinha.

– Martinho – pediu Silas –, pergunte a esse senhor por que ele não a levou antes.

– Ele disse que o escuta e não preciso repetir. Está respondendo: "Essa senhora não conseguia vê-los porque estava concentrada no seu sofrimento e o ódio que sentia a impedia de nos ver. Ela somente via os vivos de carne. Nós, eu e este meu amigo, vamos levá-la para um lugar onde não sofrerá mais".

– Obrigado! – exclamou Silas.

– Ele respondeu "de nada" e disse que nos ama muito. Os três foram embora Paidinho. Sumiram, não os vejo mais.

– Vamos para casa! – ordenou Silas. – Martinho, não conte a ninguém o que se passou aqui.

– Não falo. Posso ir correndo na frente? Quero brincar.

– Pode.

O menino saiu correndo e Silas pensou:

"Que acontecimento estranho! Mas como não acreditar? Acho que o Martinho não entendeu o que escutou, e repetiu, ele nem usa esse vocabulário. Pelo que compreendi, a senhora da casa do bosque, por odiar, não teve ajuda. Como o perdão é importante! Será que esses senhores são anjos? Ou pessoas que aqui na Terra foram bons e continuam sendo? Mistérios! Gostaria de saber. Mas o que importa é que a senhora não vai sofrer mais."

Dois anos se passaram e Silas fez trinta anos. E foi no dia do seu aniversário que uma moça chegou à fazenda a cavalo e pediu para falar com Silas. Ele a recebeu no escritório. Ao ficarem a sós, a moça pediu:

– Senhor Silas, vim aqui porque sua fama de pessoa bondosa é conhecida pela região. Sou filha do Henrique, seu vizinho da direita. Venho lhe pedir socorro. Abrigo!

Silas a escutava quieto, não se lembrava de tê-la conhecido, mas conhecia bem o senhor Henrique, o pai dela. Como Silas ficou em silêncio, a moça resolver explicar:

– Chamo-me Miriam e estou grávida!

Silas abriu a boca e não conseguiu falar nada. Estava com certeza diante de uma grande confusão.

"Será que foi um dos nossos garotos que se envolveu com ela?", pensou.

– Se estou lhe pedindo ajuda é melhor explicar tudo. Meu pai me prometeu em casamento, combinou minha união com um viúvo, um velho horroroso. Fiquei desesperada! Prefiro morrer a casar com ele!

– Sinto muito – disse Silas. – Não posso fazer nada. Mas se não gosta dele, por que ficou grávida?

– O filho não é dele! – respondeu Miriam.

"É, se fosse, não teria problema. Se o pai for um dos nossos rapazes, teremos uma confusão bem grande", pensou ele.

– Quem é o pai? – perguntou Silas.

– Meu amor! – respondeu ela. – Escondida, eu saia de casa à noite e num destes passeios encontrei Nei, um moço lindo que passava as férias na casa de um primo, na fazenda ao lado. Nós nos apaixonamos. Ninguém sabe desse amor. Ele foi embora para arrumar tudo para casarmos e voltará para me buscar. Descobri que estou grávida e não posso casar. Se meu pai souber, me mata! Ou aquele homem horrível, que é meu noivo, me assassina. Será um escândalo! Aceite-me, por favor! Por Deus! Pela criança inocente que está na minha barriga! O senhor ama tanto as crianças! Muitos órfãos iriam morrer se não fosse por este lar. Ajude este aqui a viver! – Miriam colocou as mãos na barriga e fez beicinho: – Não tenho a quem recorrer. Meu pai lhe deve muitos favores: na seca, se não fosse pelo senhor, teria se arruinado. Ele não terá coragem de me levar daqui à força. Quando Nei vier me buscar, iremos embora.

– Miriam, você de fato está encrencada! – exclamou Silas. – Nós vivemos em paz com todos os vizinhos e não queremos desavenças com eles.

– Por Deus, senhor Silas, me ajude! Se o senhor não me auxiliar, vou morrer. Sabe o que acontece com uma moça solteira grávida, não sabe? – Silas concordou com a cabeça e ela continuou a falar: – Meu pai pode até me matar que nada lhe acontecerá. Meu noivo pode me estuprar e me levar à taberna. Não quero isso! Eu errei, mas não sou uma criminosa! Poderia ter tomado chás abortivos e casado como se fosse virgem. Mas amo o Nei e quero esperá-lo.

Silas admirou a coragem e a sinceridade dela e resolveu:

– Seja o que Deus quiser. Ajudo-a! Você ficará aqui na fazenda. Vou avisar meu pai e mandar um empregado à sua casa informar seus pais de que está aqui. Não saia de casa e fique quieta.

João e Maria preocuparam-se e previram confusão. Juvêncio foi à casa dela dar o recado, voltou e informou:

– O senhor Henrique disse que não entendeu o que o senhor quis dizer e que está vindo aqui.

Meia hora depois, o senhor Henrique chegou à fazenda, foi recebido por João e Silas como uma visita importante. Miriam ficou trancada num quarto. Depois dos cumprimentos, o senhor Henrique pediu:

– Por favor, repita e explique o recado que mandou seu empregado me dar. Estranhei; procuramos Miriam por todos os lugares e não a achamos. Minha esposa percebeu que faltavam algumas roupas dela e suas jóias. Ela veio para cá a cavalo? Fugiu? Por quê?

– Miriam – respondeu Silas – não quer casar, teve medo do senhor, veio para cá e nos pediu ajuda.

– Que menina louca! – exclamou o senhor Henrique. – Ainda bem que os senhores me avisaram. Que situação! Vou levá-la e fico muito grato por ter me evitado esse escândalo! Devo muitos favores a você, João, e ficarei devendo mais este. Por favor, mande chamá-la, iremos embora.

– O senhor não compreendeu direito – falou Silas. – Não o informei para vir buscá-la, somente o fiz para não ficarem preocupados procurando-a. Miriam não quer casar com seu prometido. Nós a abrigamos, ela é nossa hóspede e irá embora daqui somente quando quiser.

– Acho que não estou escutando direito! – exaltou-se o senhor Henrique. – Você está me dizendo que minha filha veio aqui pedir ajuda porque não quer casar e que os senhores estão lhe dando abrigo? Sabem bem que palavra empenhada tem de ser cumprida! Eu a prometi e tenho de fazer esse casamento. Miriam é rebelde, é melhor me devolver a menina! Por que será que ela não quer casar?

– O senhor não está sendo muito severo obrigando-a a casar com uma pessoa muito mais velha, viúvo e com filhos? – perguntou Silas.

– Afinal, o que os senhores têm a ver com isso? Arrumei um marido para ela, gosto dele, é honesto e rico. Existe algum motivo para ela ter vindo aqui? – perguntou o senhor Henrique.

– O amor... – respondeu João.

Como Silas abriu muito os olhos, João percebeu que falara demais, parou, o senhor Henrique também olhou para Silas, sorriu e falou:

– Que filha confusa eu tenho! Não quer casar porque acha o noivo velho e porque ele tem filhos. Foi se envolver com você, Silas, que não é jovem, é feio e tem mais crianças aqui que nos orfanatos das grandes cidades. Louca! É isso que ela é!

– Henrique! – falou alto João. – Lembro-o de que está em minha casa e que o recebemos com o respeito que um vizinho merece. Não ofenda meu filho! Você, com toda essa arrogância, não é digno de lamber as botas dele!

– Papai, por favor, se acalme!

E os dois passaram mal. Sentaram-se e Maria abanava ora um, ora outro.

– É isso que dá se exaltarem assim! – disse Silas.

– Por que você, Silas, não foi à minha casa e pediu-a em casamento? – perguntou o senhor Henrique.

– Por quê? – Silas não sabia o que dizer.

– Ora, Miriam já estava comprometida – falou João.

– É verdade. E agora, o que faço? – perguntou o senhor Henrique.

– Volte para sua casa e com calma acharemos uma solução – falou Maria intrometendo-se na conversa.

O senhor Henrique a olhou carrancudo. Empregados não interferiam em conversas de patrões, mas achou sensato o conselho.

– Estou encrencado! – queixou-se o senhor Henrique. – Que faço com o noivo, com meu amigo?

– Vou pedir que Miriam escreva a ele e eu também o farei. Explicaremos tudo. Ele entenderá, tem filhos adolescentes e, com certeza, eles não estão querendo obedecer-lhe mais – disse Silas.

– Minha filha volta para casa até o casamento! – determinou o senhor Henrique.

– Acho certo – concordou João.

– Não! – exclamou Silas. – Miriam somente sairá daqui se quiser.

– O quê?! Você não respeita sua noiva? Não quer casar com ela? – o senhor Henrique se exaltou e sentiu-se mal novamente.

Silas percebeu que o mal-entendido fora longe demais. Sem saber o que fazer, permaneceu calado. Maria interferiu de novo:

– Senhor Henrique, nesta casa não tem como os dois ficarem sozinhos. Miriam dormirá no quarto com as outras meninas e Silas continuará dormindo no dele. Sua filha está com medo de voltar e ser castigada. Deixe-a ficar!

– Que situação, meu Deus! Se isso acontecesse com outras pessoas, ou com outros vizinhos, eu os mataria. Mas se não estou arruinado, devo a você, João, que me emprestou dinheiro e me deu água. E Silas é o seu único filho! Por que você não impediu esse romance?

– Ora, Silas já é um homem! – defendeu-se João. – Não mando nele, como você não manda nos seus filhos. Miriam fugiu e seu filho Jorge mudou-se para a cidade, casou-se com uma moça simples e sem o seu consentimento. Não me critique! O que você tem contra Silas?

João levantou-se e ficou na frente do senhor Henrique. Silas temeu que eles se atracassem, porém o pai de Miriam respondeu:

– Não tenho nada contra. Em outra situação, ficaria muito feliz com esse casamento. Vamos fazer as coisas certas. Tenho outra filha que não está comprometida e Silas pode casar com ela.

– O quê?! Troca as noivas como se elas fossem peças de jogo de dama? Está me oferecendo a sua outra filha! Nunca! Ouviu bem? – Silas se exaltou indignado.

– Senhor Henrique – opinou Maria –, deixe-a aqui. Os dois, como prometeram, escreverão a seu amigo, o noivo, e ele entenderá. Ele deve favores para o senhor João, poderá ficar aborrecido, mas passará e encontrará outra noiva logo. É melhor os senhores se acalmarem, senão se sentirão mal de novo.

– João, você me dá sua palavra de que os dois ficarão separados até casarem? – perguntou o senhor Henrique.

– Dou! Eles não ficarão sozinhos – afirmou João.

– Onde irão morar? – quis saber o pai de Miriam.

– Farei uma casa ao lado desta, digna de sua filha – respondeu Silas.

– De qualquer forma, será um escândalo! Todos vão rir de mim. Que situação! – queixou-se o senhor Henrique falando baixo.

Apiedando-se dele, Silas amenizou:

– Senhor Henrique, não devemos interferir na vida dos nossos filhos dessa forma. Devemos deixar que eles escolham o que querem fazer. Sua filha ficará bem aqui. O senhor é uma pessoa respeitável, honesta e não deve se importar com comentários!

– Vocês não vão mesmo me entregá-la?

– Não! – respondeu Silas.

– Até logo!

O senhor Henrique saiu sem dar a mão para a despedida.

– Ai, meu Deus! – exclamou Maria. – Só nos faltava uma briga com vizinhos.

– Maria, peça a Miriam para vir aqui falar conosco – pediu Silas.

Instantes depois, a mocinha estava na sala e, fazendo carinha de piedade, agradeceu:

– Muito obrigada! Meu filhinho e eu agradecemos.

Pegou a mão de João e a beijou.

– Tomara que sua vinda para cá não acabe em tragédia – falou João. – Silas, por que você se envolveu nisso? Miriam, seu pai acha que você e Silas estão se amando e vão casar.

– Foi o senhor, papai, que o confundiu e... – disse Silas.

– Eu?! Somente disse que foi por amor, quem não entendeu foi o Henrique. Ele agora quer ver vocês dois casados.

– Espero que o seu Nei venha logo e partam! – exclamou Silas. – Acalmei-o dizendo que construirei uma casa para morarmos e depois casaremos.

– Quando o senhor Henrique descobrir que foi enganado de novo... – falou Maria.

– Eu estarei bem longe – Miriam disse sorrindo.

– Mas nós não! Por que você veio para cá? – Maria quis saber.

– Desculpe-me – pediu Miriam –, não quero lhes trazer problemas. Foi o único lugar em que pensei ao descobrir que estava grávida. Não quero morrer, ou ser estuprada, ter meu filho escondido e ter de doá-lo sem sequer vê-lo. Eu já amo meu filhinho!

Miriam chorou, e, Maria, arrependida de ter se exaltado com ela, abraçou-a.

– Não chore – pediu Silas. – Já lhe disse que vou ajudá-la! Vamos agora escrever as cartas para seu ex-noivo. Não escreva sobre o outro. Por favor, seja gentil e se desculpe. Vamos amenizar a situação.

Miriam sentou-se de um lado da escrivaninha, Silas, do outro, e ambos escreveram. Silas informou-o de que abrigou Miriam porque a moça se sentia insegura e lhe pediu proteção. Que o noivo, sendo uma pessoa de prestígio, rica, bom partido, encontraria logo outra noiva mais apropriada para administrar seu lar e ser a segunda mãe para seus filhos. Elogiou-o e pediu que esse fato não afetasse a amizade e a boa vizinhança que sempre tiveram.

– Pronto, Miriam? Acabei a minha. Vou pedir a Juvêncio para levar as cartas para ele. É melhor saber por nós. O que você escreveu?

– Pedi desculpas por não amá-lo como merece e que me perdoe.

Silas pegou o escrito dela, colocou as duas cartas num mesmo envelope, lacrou-o e foi pedir a Juvêncio para entregar na casa dele. Foram jantar. Miriam era extrovertida, conversava muito.

– Senhor Silas, tive muito medo de que os senhores não me aceitassem aqui. Aquele horroroso do meu noivo deve ter recebido nossas cartas. Ou teve um ataque de raiva ou está me xingando. Bem-feito! Eu pedi, implorei a ele para desfazer o nosso compromisso. Ele não quis e ainda me olhava com cobiça, o que me dava calafrios. Bem-feito!

– Miriam, o que você escreveu a ele para falar assim? – perguntou Silas preocupado.

– Pedi desculpas e...

– E... o quê? – insistiu Silas.

– Contei a ele que amava outro, uma pessoa maravilhosa, e que era amada.

– Miriam, você já está nos dando muitas preocupações. Quer piorar a situação? – perguntou Maria.

– Não resisti, não gosto daquele homem!

Juvêncio retornou e informou que entregou a carta, ficou na varanda esperando e que minutos depois um empregado veio e disse que ele podia ir embora, pois não tinha resposta.

João comentou com Silas:

– Ele está sendo prudente, é bom sinal não ter mandado resposta. Espero que ele não venha aqui brigar conosco e também que esse Nei não seja um canalha.

– O senhor acha que esse Nei volta para buscá-la? – perguntou Silas.

– Espero que ele cumpra a promessa que fez a Miriam. Mas o moço é da cidade, veio aqui passear, pode tê-la enganado. Se ele não vier buscá-la, aí sim teremos um problemão.

Uma semana se passou e o ex-noivo de Miriam não deu notícias.

Na tarde de domingo, João foi receber um outro vizinho que fora conversar com ele. De repente, João gritou:

– Juvêncio! Salvador! Enxota esta pessoa da fazenda! E o senhor não ouse voltar aqui, senão o recebo a bala! Fora!

– Calma, senhor João! – pediu o vizinho. Mas ele montou no cavalo e partiu galopando antes de os dois empregados cumprirem as ordens.

João sentiu-se mal. Depois de ter tomado água com açúcar e ter sido abanado por Maria, contou aos dois:

– O safado veio aqui me pedir uma de nossas moças. No começo não entendi, achei que ele se apaixonara e queria namorar uma delas. Mas quando ele falou que era para amante, fiquei com tanta raiva que se fosse mais novo teria lhe dado uns socos. Maria, quero que você converse com as nossas mocinhas e lhes explique tudo sobre sexo e que devem evitar esse tipo de relacionamento. Silas, você tinha razão quando me dizia que muitas das garotas da taberna deveriam ter motivos para estarem lá. Esse moço falou que queria comprar uma de nossas filhas! Comprar! Meu Deus! Vou dar ordens a ele para não entrar mais na fazenda e você, Silas, irá escrever uma carta contando ao pai quanto o filho dele foi indelicado e nos ofendeu.

– Com certeza este rapaz veio aqui pelos comentários – opinou Maria. – Todos na região já sabem que Miriam está aqui e este safado deve ter entendido errado, que nosso lar é uma bagunça.

– Deveria ter pedido a Juvêncio e Salvador para surrá-lo! – exclamou João, indignado.

– Enxotá-lo já foi o suficiente! – afirmou Silas.

E Silas escreveu, primeiro enumerando os favores que eles deviam a João, depois que exigia respeito e que as jovens da fazenda seriam somente esposas e não amantes. E que o filho dele estava proibido de voltar à fazenda. Assinou como João.

O pai do moço respondeu pedindo desculpas e afirmou que castigaria o filho fazendo-o viajar. E que não queria que esse fato lastimável abalasse uma amizade de longos anos.

Dois meses se passaram e nada de o Nei aparecer. Miriam tentava esconder a barriga de cinco meses de gravidez, que já se fazia notar. O ex-noivo já estava de casamento marcado com uma moça mais velha que morava na cidade. Houve muitos comentários. E o senhor Henrique voltou à fazenda acompanhado de sua esposa.

– João, vim trazer minha mulher para ver a filha – disse ele. – Por favor, peça à empregada para levá-la até Miriam. As pessoas estão comentando e não estou vendo construção alguma.

Maria levou a mãe de Miriam ao quarto para vê-la e elas ficaram a sós. Silas deixou que João e o senhor Henrique conversassem e João o acalmou dizendo que ia chamar o padre José para resolver a situação. Foi um alívio quando as visitas foram embora. Miriam explicou nervosa:

– Contei tudo a mamãe. Já foram comentar que estou engordando e que pareço estar grávida, por isso o papai veio aqui. Será que Nei não vem me buscar? Mamãe acha que ele não vem. O que farei se ele não vier?

– Vamos esperar mais dois meses – determinou Silas. – Se Nei não vier, terei de dizer a verdade ao seu pai. Você poderá continuar aqui, iremos ajudá-la.

– Obrigada! – exclamou Miriam emocionada e aliviada.

Mas Nei veio. Quinze dias depois da visita do senhor Henrique, ele chegou à cidade, soube de tudo e foi à fazenda.

Silas mandou chamar o padre José e pediu-lhe que fosse rápido e ele, horas depois, estava na fazenda.

– O senhor irá casá-los e eles irão embora – determinou Silas. – Depois que estiverem longe, o senhor não nos faria o favor de ir à casa do senhor Henrique e lhe contar tudo?

– Faço o casamento e conto ao pai dela – respondeu padre José.

O casamento foi na sala da fazenda, uma cerimônia simples. João arrumou tudo para que eles partissem ao anoitecer.

– Somente Deus para pagar esta caridade que fizeram conosco – disse Nei. – Demorei, mas deixei tudo arrumado para receber Miriam. Se soubesse que ela estava grávida, teria vindo antes. Muito obrigado!

Miriam chorou ao se despedir de todos e pediu:

– Queria que Maria, o senhor João e o senhor Silas fossem os padrinhos do nosso filho. Nós não poderemos voltar aqui tão cedo e os senhores não podem viajar. Mas por favor, sejam de coração padrinhos dele.

Comovidos, assentiram com um movimento da cabeça. Abraçaram-se e os dois partiram. Juvêncio foi levá-los de carruagem da fazenda até uma cidade e de lá, alugariam outra para ir à cidade onde Nei residia. A viagem demoraria uns cinco dias, pois teriam de ir devagar para não cansar a futura mamãe.

Padre José, dois dias depois do casamento, comunicou ao senhor Henrique o que de fato aconteceu. E depois da visita passou na fazenda, trouxe uma carta para Silas da mãe de Miriam que lhe escreveu agradecendo.

– O senhor Henrique ouviu calado – informou padre José –, me pareceu que já desconfiava. Somente disse: "Pena que ela não tenha casado com Silas". Pediu que lhes desse o recado: "Diga ao João e ao Silas que continuamos a ser bons vizinhos."

– Que alívio! Tudo acabou bem! – exclamou Maria.

Tudo voltou ao normal, mas não por muito tempo. Num domingo, às cinco horas da manhã, houve uma grande tempestade. Silas acordou e também algumas crianças que entraram correndo no quarto dele com medo.

– Calma, crianças! A chuva está lá fora!

Tentou acalmar a garotada, mas se preocupou, pois relampejava, trovejava e ventava muito. E caiu uma chuva torrencial. A tempestade durou uma hora; depois veio a bonança e o sol despontou. Silas pediu às crianças para voltarem aos seus quartos, trocou de roupa e saiu para ver se houvera estragos. Na fazenda não foram muitos: algumas árvores arrancadas e telhados danificados.

– Senhor Silas! – gritou um empregado. – Um raio caiu na casa do senhor Joaquim e pegou fogo no sítio, acho que o casal morreu.

– Chame o Juvêncio e vão vocês dois lá ver se precisam de ajuda e saber o que aconteceu.

Logo os dois retornaram e Juvêncio informou:

– Silas, o senhor Joaquim e a esposa morreram. Um raio caiu na casa, que pegou fogo. Acharam os dois na cama, o telhado caiu, matando-os.

– Papai – falou Silas –, vamos ao sítio falar com os filhos, dar nossas condolências, assim não precisaremos ir ao velório na cidade.

O senhor Joaquim tinha dois filhos que moravam na cidade, os outros quatro e Pérola residiam longe. Silas não queria revê-la, se ela viesse para o enterro. Quando João e Silas chegaram ao sítio, os dois filhos com a família estavam lá. Os dois cumprimentaram-nos e um deles disse ao João:

– Nenhum de nós quer vir para cá, morar no sítio. Por isso vamos vendê-lo. O senhor não quer comprá-lo?

– Não – respondeu João –, as terras da fazenda nos bastam.

– Quis primeiro lhe perguntar, pois meu pai gostava muito dos senhores e lhes devia muitos favores.

– Nós viemos aqui para oferecer nossa solidariedade, mas não iremos à cidade – explicou João.

– Agradecemo-lhes por terem vindo.

João e Silas retornaram à fazenda quando todos partiram para a cidade. Os outros filhos do senhor Joaquim não vieram. A tempestade fez duas vítimas e muitos estragos. Semanas depois, os filhos venderam o sítio.

Miriam e Nei escreviam sempre. Tiveram um menino, a quem deram o nome de João Silas em homenagem aos seus benfeitores.

Dois anos se passaram. Numa tarde, Silas estava fazendo a contabilidade e Maria foi avisá-lo:

– Silas, estamos recebendo uma visita.

– Quem é, Maria? Por que está nervosa? – perguntou Silas.

– A visita veio de longe – respondeu Maria, se esforçando para se manter tranqüila. – Está com duas crianças pequenas. Vieram de carruagem de aluguel. É uma pessoa que conhecemos.

– Fale logo! – pediu Silas. – Quem chegou à fazenda?

– Pérola!

Silas, que estava escrevendo, parou, olhou para Maria e pediu:

– Explique, por favor!

– Pérola chegou uns minutos atrás, o senhor João pagou a carruagem e o cocheiro voltou para a cidade. Ela me pareceu muito doente, disse que ficou viúva, com dois filhos pequenos.

– Maria, arrume um lugar para eles ficarem e peça ao Juvêncio que vá buscar o médico para examiná-la.

Maria cuidou dos três, Silas continuou seu trabalho e não foi vê-la. À tarde conversou com o médico que o informou do estado de saúde de Pérola.

– Essa moça está muito mal! Foi ferida no abdômen, que está infeccionado. Ela já fez tratamentos e não reagiu a eles. Deixei remédios e ensinei Maria a tratar dela.

– É grave? – perguntou Silas.

– Infelizmente é – respondeu o médico. – E você, Silas, como está? Tem sentido muitas dores?

– Sim, as dores me fazem companhia dia e noite. O senhor acha que já vivi muito?

– Você é uma pessoa que eu desejaria que nunca morresse. Acho que você está bem, com certeza verá todas estas crianças se tornarem adultas.

Silas sorriu e pagou o médico, que ia a outra fazenda. Ele se despediu e foi embora. Viu os filhos de Pérola, dois meninos muito bonitos e sadios. Ela estava acamada, Maria a colocou em seu quarto. Depois de três dias, Pérola pediu a Maria para ver Silas. Ele foi ao quarto conversar com ela. Pérola estava diferente, muito pálida, magra, sorriu ao vê-lo.

– Senhor Silas, como está passando? – perguntou ela.

– Estou bem – respondeu ele. – E você, como está? Descansou da viagem?

– Sinto-me melhor, obrigada. Senhor Silas, quero lhe falar. Preciso de ajuda! Casei, fui embora daqui, estava bem com meu marido, tivemos esses dois meninos. Soube do falecimento dos meus pais, meus irmãos venderam o sítio e me mandaram o dinheiro que me cabia de herança. Um dia, meu filho mais velho subiu numa árvore e não sabia descer, subi para pegá-lo, escorreguei e caí em cima de um galho que me furou a barriga. Nunca mais tive saúde. Mas o pior foi que meu marido, que era soldado, foi morto num conflito com bandidos. Viúva, doente, com dois filhos pequenos, resolvi voltar para cá. Estou morrendo, senhor Silas, e meus dois meninos ficarão órfãos. Meus irmãos não se interessaram em me ajudar ou em ficar com as crianças. Lembrei-me do senhor, o vizinho bondoso, caridoso que fez de seu lar um abrigo de órfãos. O senhor não ficaria com eles?

Enquanto ela falava, Silas a observava tranqüilo. Nada restara do amor que outrora sentira por ela, não a amava mais. Comoveu-se com seu relato como se fosse o de uma desconhecida.

– Cuidaremos de você, Pérola, que, com certeza, vai sarar. Aqui terão abrigo e podem ficar quanto tempo quiserem. Mas, se acontecer algo com você, cuidarei de seus filhos, como cuido de todas as crianças que aqui estão.

– Fico tranqüila e morrerei em paz. Que Deus o proteja!

Conversaram mais falando das crianças. E ele ia quase todos os dias visitá-la no quarto, porque Pérola não se levantou mais. Seus filhos estavam bem ali, gostaram do lugar, da meninada e dos adultos que moravam na fazenda. Ela foi piorando e faleceu. João pediu que três empregados levassem o corpo para o padre José abençoar e que o enterrassem junto com seus pais no cemitério da cidade. Silas explicou para os dois meninos que eles ficariam morando na fazenda e que a mãezinha deles fora para o céu encontrar-se com o pai. Eles não entenderam e foram brincar. Silas sempre orava para os que faleciam e orou bastante para Pérola ter paz. Maria comentou:

– Se Pérola tivesse ficado aqui, a vida dela com certeza teria sido diferente. Tantas vezes nos defrontamos com escolhas em nossas vidas! E nunca saberemos se escolhemos o melhor. Ela voltou para lhe deixar os dois filhos pequenos.

– Maria – opinou Silas –, acho que Pérola escolheu o melhor. Amou e foi amada. A vida os separou. Talvez agora estejam juntos novamente. Os filhos ficaram órfãos e, talvez, eles como todos os que aqui estão tenham de passar pela orfandade. Pérola partiu deste mundo tranqüila, sabendo que os filhos serão bem cuidados. A vida continua para essas crianças, para nós e acho que para ela e o esposo.

– Você acha, Silas, que a vida continua depois que morremos? – perguntou Maria.

– Tenho certeza de que sim. Nossa alma sobrevive e acho que um dia será explicado como é essa sobrevivência. E já que continua, vamos trabalhar!

– Silas, você esteve muito tranqüilo ao revê-la. Não a amava mais? – Maria, curiosa, quis saber.

– Não, Maria, aquele amor que coloquei no fundo do coração sumiu. Há tempo que nem lembrava mais dela. E ao revê-la compreendi que a amava como amo a todos. Me fez bem cuidar de Pérola como uma irmã e ficar com seus filhos.

– Isso é bom, não gosto de ver meu Silas sofrer. Vamos trabalhar!

Maria saiu e Silas ao ficar sozinho pensou:

"Sofrer! Maria não quer me ver sofrendo. Estou certo em não me queixar das dores que sinto. Quanto tempo será que vou viver? Não devo me importar com o passado, que não modificamos, nem com o futuro, que é tão incerto."

E algumas crianças foram conversar com ele, fazendo-o sorrir com a alegria delas.

– Sou tão feliz! Obrigado, meu Deus! – exclamou Silas baixinho.

CAPÍTULO DOZE

O RETORNO

SILAS NÃO CAVALGAVA MAIS PELA FAZENDA E ANdava com dificuldades. João adoeceu, ficou acamado, sentia falta de ar e queixava-se de dores. O médico examinou-o e comunicou a Silas que João realmente estava muito doente. Ele se entristeceu por seu pai adotivo estar enfermo e preocupou-se.

"Preciso tomar algumas providências. Se Isaías morrer, serei o herdeiro sem herdeiros e se eu falecer, tudo isso ficará para meus parentes: meus dois tios. O que será que devo fazer?"

Estava pensando sentando num banco do jardim quando padre José chegou. Depois de cumprimentar as crianças e conversar com elas, foi sentar-se ao lado de Silas e pediu:

– Meninada, agora vocês voltem a brincar, quero conversar com Silas.

As crianças correram para o outro lado; o padre olhou-o, admirava-o, tinha respeito e muito que agradecer.

– Que se passa, menino Silas?

– Menino? – falou Silas rindo. – Onde está o menino?

– Dentro de você! – afirmou padre José. – Quando vim para cá, muitos o chamavam assim: menino. Você era adolescente, jeito de garoto, mas muito adulto nas suas decisões. Era sempre você que decidia e cuidava de tudo. A doença e as perdas que seu pai teve devem tê-lo afetado, porque sempre me pareceu que o filho era ele. Mas me diga: o que o preocupa?

– Padre José, o senhor chegou no momento oportuno para me aconselhar. Meu pai está idoso, doente; se ele falecer, serei o herdeiro como seu filho único, mas não tenho herdeiros. Tenho saúde frágil e estou receoso de que, se eu morrer, tudo isso acabe. Tenho dois tios que, com certeza, não irão querer essas crianças aqui. Quero achar uma solução!

– Seus tios venderão tudo e expulsarão a meninada daqui – concordou padre José. – São duas pessoas ricas e influentes, porém não são páreos para a igreja.

– Igreja? Como assim? – perguntou Silas.

Se vocês doarem tudo o que possuem para a Igreja, conversarei com o bispo, pedirei para trazer as irmãs de caridade, freiras, para cá e regulamentar o orfanato. Elas cuidarão dos órfãos e seus tios não poderão fazer nada.

– Mas isso é maravilhoso! – exclamou Silas. – Por favor, padre José, converse logo com o bispo. Faremos a doação e passaremos toda a fazenda para a Igreja.

– Ia conversar com o bispo na semana que vem, mas vou amanhã e vamos planejar tudo muito bem. Certamente, será necessário construir a capela e as acomodações para as irmãs.

Padre José foi embora providenciar a viagem e Silas esperançoso concluiu:

"Venderei as barras de ouro que me restam e farei as reformas necessárias. Vou residir numa das casas de empregado com a Maria, e as crianças continuarão aqui. Meus tios terão de aceitar, ninguém quer se indispor com a Igreja."

E o sacerdote voltou à fazenda nove dias depois da conversa que teve com Silas.

– Conversei com o bispo – disse padre José entusiasmado – e acertamos tudo, espero que você concorde. O bispo aceita sua oferta, mandará para cá sete irmãs que necessitam se isolar e trabalhar. Esta casa continuará abrigando as crianças e vocês terão de fazer ao lado uma outra, que será moradia das irmãs, e uma capela. Vocês constroem e o bispo manda o mobiliário. Você tem dinheiro para as reformas?

– Tenho barras de ouro que o senhor poderá vender para nós e faremos as reformas.

– Pedirei aos fazendeiros vizinhos que nos ajudem cedendo alguns empregados e alguns materiais. Vamos começar logo!

– O senhor pensou em tudo! – exclamou Silas.

– Temos um problemão! – padre José suspirou. – Aqui com as irmãs poderão ficar somente as meninas.

– O quê? Somente as meninas?

– Sim, será um orfanato feminino. Os meninos deverão ir para outro local.

– Padre José, o problema foi resolvido pela metade! – Silas disse, triste.

– Pensei muito, e achei uma solução – falou o sacerdote. – Silas, pelo que me disse, seu pai pode morrer a qualquer momento e você tem saúde frágil. Já o orfanato continuará existindo. Embora não goste que chamem a fazenda de orfanato, ela é, e poderá continuar sendo de meninas. Mulheres na nossa sociedade são consideradas frágeis e alvo da brutalidade por parte de nós, homens. Com as freiras, elas terão abrigo, proteção e receberão educação.

– Se o bispo quer isolar essas irmãs, talvez elas não sejam adequadas para orientar as meninas. As freiras vêm para cá como castigo? – Silas quis saber, preocupado.

– Silas – respondeu padre José –, não quero entrar em detalhes. Freiras e frades são pessoas comuns com virtudes e vícios e, por muitos motivos, decidiram ser religiosos. As leis da Igreja, às vezes, podem parecer duras para alguns, fazendo-os se rebelar. Não se preocupe com esse fato. Estarei aqui sempre e conterei os excessos.

– As meninas serão educadas com mais rigidez! – exclamou Silas preocupado.

– Nem tanto! – afirmou padre José. – Mulher tem um jeitinho de se rebelar quando quer. Terão vantagens: aqui estarão juntas, aprenderão a fazer diversas coisas, terão um teto, alimentos etc.

– Tudo bem, as meninas serão amparadas, mas e os meninos? O que faço com eles? – perguntou Silas.

– Silas, pensei nisso, afinal, tenho dois filhos aqui e quero ajudar!

– Por favor, padre, fale! – pediu Silas.

– Você tem as barras de ouro e eu as venderei e com certeza pelo melhor preço. A fazenda é grande para as freiras tomarem conta. Venda alguns pedaços de terra. Vamos oferecer aos vizinhos, ajudo você a negociar. Tem uma chácara na cidade que está à venda; vamos comprá-la. Você irá para lá com os meninos.

– Será que dará certo? – indagou Silas esperançoso.

– Vamos vender primeiro, depois você fará a doação da sede e compraremos a chácara no nome da Igreja. Modificaremos aqui e lá ao mesmo tempo. E você com os garotos irão para a sede nova e as freiras ficarão aqui.

– Dois orfanatos! Um masculino e o outro feminino!

– Sim. O que acha da minha idéia? – o padre quis saber.

– A melhor possível, respondeu Silas. O senhor achou a solução. Por favor, vamos agora almoçar e depois irá comigo oferecer partes da fazenda aos vizinhos.

– Silas, se você não se importar, eu gostaria de ir sozinho. Vou ficar hospedado aqui por uns dias e acertaremos tudo.

– Não temos como hospedá-lo e...

– Dormirei com os meninos, se possível perto de meus filhos. Talvez eu não tenha mais essa oportunidade.

– O senhor pretende ajudar seus filhos quando eles ficarem adultos? – perguntou Silas.

– Quando chegar o momento de eles saírem do orfanato vou auxiliá-los. Pedirei aos dois que se mudem daqui, se possível para longe. Darei a eles dinheiro que juntei nesses anos todos. Não pense, Silas, que fico com dinheiro dos pobres, mas da Igreja. Um pouquinho somente que separo todos os meses. Quero que, ao menos, eles tenham uma casa para morar.

Silas não achou certo, mas não opinou. Padre José estava exercendo o sacerdócio com dignidade, não se envolveu com mais ninguém, era amigo de seus paroquianos, conselheiro e bondoso para com os pobres. Depois do almoço, o vigário foi conversar com os vizinhos da fazenda. E Silas foi comunicar ao pai sua decisão: resolveu falar das reformas e ocultar a separação das crianças. Sentou-se ao lado do leito e o chamou baixinho:

– Isaías!

– Por que me chama assim? – perguntou ele olhando curioso para Silas. – Faz tanto tempo...

– Gosto de chamá-lo de pai, foi o meu adotivo! Mas chamei-o assim porque me lembrei que lhe devo muitos favores e quero agradecer-lhe. Obrigado, papai!

Silas – falou Isaías sorrindo –, eu tive filhos, mas não amei nenhum como amo você, filho do coração! São os sentimentos verdadeiros que nos unem. Não me agradeça, não me deve nada. Ao contrário, eu que me sinto devedor. Está escutando como falo bonito? Aprendi com você, meu filho, aprendi a ser educado e, o mais importante: a ser caridoso. Fizemos muitas coisas boas, não é verdade?

– Sim, papai, fizemos. Mas, se não fosse pelo senhor, nada disso teria acontecido.

– Às vezes fico pensando que agi errado tomando o lugar de outra pessoa. Mas foi o senhor João quem me pediu e você me aceitou. Você era o legítimo herdeiro, teria de ficar com tudo o que pertencia aos seus pais. E fizemos bom proveito dessa riqueza, não foi? Deus me perdoará!

– Pecado, meu pai, é fazer mal a alguém. O senhor não fez! Me ajudou e sou grato. Muito obrigado!

– Já que insiste nisso, de nada! – disse João sorrindo.

– Papai – falou Silas devagar –, conversei com padre José, trocamos opiniões e concluímos que devemos tomar algumas providências. Sou seu herdeiro, mas não tenho herdeiros. Não quero que este lar acabe quando nós dois morrermos. Então, pensei que poderíamos doar tudo à Igreja.

– Você está me dizendo que quer deixar tudo quando morrer para a Igreja? – perguntou João.

– Sim – afirmou Silas.

"Papai não entendeu direito, é melhor que pense que a doação será depois que morrermos."

– Concordo – opinou João.

– Papai, vamos ter de fazer outra casa ao lado, que será moradia das irmãs de caridade que irão no futuro residir aqui e construir uma capela. Para fazer isso, teremos de vender algumas faixas de terras. Aquelas improdutivas do morro.

– Faça como quiser, Silas, você é inteligente, sabe o que faz e lembro-o: tudo é seu. Venda o morro e faremos a capela.

Padre José não só negociou, vendeu as terras por um bom preço, marcou o dia para fazer as escrituras, como também vendeu as barras de ouro e comprou a chácara. Silas explicou a João:

– Papai, virão pessoas aqui para passarmos as escrituras, assinaremos os documentos deixando tudo para a Igreja. Eu lerei e acertarei com eles no escritório, depois viremos para cá, no seu quarto e o senhor assinará. Faremos assim, direi que o senhor está trêmulo e que não está enxergando bem e que eu vou ajudá-lo a assinar. O senhor fica com a mão assim, bem mole, e eu assino.

E assim foi feito. Silas leu os documentos no escritório, depois convidou todos para irem ao quarto do pai, que assinou. João nem percebeu que não foi somente o morro vendido, mas também grandes faixas de terra e que passaram tudo para a Igreja. Os dois não possuíam mais nada. Depois que todos foram embora, João perguntou:

– Meu filho, precisava de tantas pessoas para assinar um simples documento? Vizinhos, padre José e pessoas da cidade.

– Papai – respondeu Silas –, preferi fazer tudo bem-feito, não quero que meus tios ou primos se intrometam nas nossas decisões.

– Com aqueles dois é melhor ter cautela!

E os vizinhos ajudaram enviando empregados, pedras e as reformas seguiam em ritmo rápido. Padre José, que estava sempre na fazenda, informou:

– Silas, as reformas da chácara também estão adiantadas, estamos fazendo tudo o que você determinou.

Silas agradeceu. Ele havia desenhado como queria o orfanato, com pátio, lugar de jogos e esporte, o refeitório, quartos pequenos para os meninos maiores dormirem sozinhos; para os pequeninos, quartos grandes onde dormiriam juntos. Teria também salas de estudo com biblioteca, local para criar animais, fazer uma grande horta e uma oficina de carpintaria.

João, que na realidade era Isaías, piorou muito e uma madrugada faleceu deixando as crianças tristes. Silas conversou com elas:

– Temos sempre perdas em nossas vidas. João, meu pai, o padrinho de vocês, fará falta porque foi uma pessoa boa. Ele nos deixou um bem muito grande: o exemplo. Nunca nos esqueceremos dele e devemos fazer o que ele queria: ser alegres. Agora é difícil porque dói nos separarmos dele. Mas não vamos chorar. Amanhã quero que tudo volte ao normal, vocês fazendo tarefas, brincando e sorrindo. Quem quiser poderá ir ao quarto se despedir do padrinho. Como? Dizendo o que têm vontade: Até logo, padrinho! Fique com Deus! Nos abençoe! Eu sempre vou amá-lo!

As crianças fizeram fila e foram se despedir de João, de quem gostavam tanto. Na fazenda, era Silas que organizava tudo e João brincava, ele estava sempre rindo e conversando com a meninada.

Silas levou o corpo para a cidade, alguns empregados e os garotos maiores o acompanharam. Juvêncio tinha ido à cidade mais cedo e avisou padre José. Quando chegaram, a igreja estava lotada. Ele recebeu as condolências calado e triste, separava-se de um grande amigo. Os parentes não vieram, porém todos os vizinhos e os moradores da cidade foram se despedir, João era respeitado e admirado.

"Meu pai, o verdadeiro João", pensou Silas, "foi enterrado como indigente, numa cova com muitos outros. Isaías com louvores de um senhor rico. Será que isso faz diferença? Acho que não! Que levamos quando morremos? De material, nada! O que Isaías levará? Muitas boas ações. Ações, somente ações nos acompanham nessa hora. As positivas e as negativas. E Isaías é rico de bons atos. Vai com Deus, meu amigo! Sou grato por tudo o que me fez, pelo amor que me dedicou."

Voltou triste para a fazenda e com muitas dores. Sentia o corpo dolorido pela viagem de carruagem e por ter ficado muito tempo sentado no banco duro da igreja.

Dois dias depois, Silas reuniu as crianças no jardim e explicou as mudanças que haveria. Falou esforçando-se para transmitir entusiasmo.

– Meninas, será bom para vocês! As freiras são pessoas boas. Ficarão aqui, receberão boa educação, orientação para serem ótimas mulheres, esposas e mães. Meninos! Vamos morar na cidade onde tudo será mais fácil. Maria e eu vamos com vocês.

Eles não gostaram, não queriam se separar.

– Não verei mais a Madrinha nem o Paidinho? – perguntou uma menina.

– Verá sim, meu bem – respondeu Silas. – Posso vir aqui e vocês poderão ir lá quando for possível. E eu já lhes ensinei que sentimentos estão dentro de nós. Lembranças ninguém nos tira e aqueles que se amam estão unidos mesmo estando distantes. Vamos brincar! Escondi a pedra rosa e quem a achar vai ganhar a sobremesa dobrada e um beijo meu. Já!

A pedra rosa era um cristal arredondado que a mãe dele tinha como enfeite e que havia muito tempo era um brinquedo.

Dias depois, padre José foi avisar:

– Silas, daqui um mês a chácara estará pronta para recebê-los. As freiras chegarão, com os móveis, no dia vinte do mês que vem, daqui a quarenta e seis dias. Quando as irmãs chegarem, não deverá haver mais meninos aqui. Somente dois empregados ficarão morando na fazenda. O porão deve ter grades.

– Grades?! – perguntou Silas indignado. – No convento, nos quartos das freiras, posso compreender se são as normas, mas nos quartos das meninas maiores, por quê?

– Também são normas – respondeu padre José.

Silas teve de concordar. As grades vieram e os empregados foram colocá-las. Os empregados que moravam na fazenda arrumaram empregos com os fazendeiros vizinhos. Juvêncio e Sebastião, cujos filhos eram adultos e casados, ficariam ali, eles e as esposas. Ele mandou Maria, Salvador e Bernadete com Lúcio, Anselmo e os garotos maiores à chácara para agilizarem as reformas. Silas, à noite, chamou duas meninas, Clara que tinha treze anos e Margarida com nove anos desceram ao porão e ele falou:

– Vocês duas são discretas e sabem guardar segredos. Dormirão aqui logo que a reforma estiver pronta. Não contem a ninguém o que vou lhes falar, somente dirão a outra garota quando forem embora daqui. É para ser usado se necessário.

Esta grade pode ser aberta se alguma mocinha precisar fugir, sair da casa por algum motivo grave. Ela abre com esta chave, que ficará neste fundo falso.

Enquanto falava, ele mostrou às duas como abrir a grade e a tábua do assoalho onde a chave ficaria.

– Mas somente usem desse recurso se for de extrema necessidade. E quando passarem esse segredo, escolha uma garota discreta e ajuizada.

As duas prometeram, fariam o que o padrinho pedira. Silas ficou mais tranqüilo, escutara muitas histórias de perseguições a conventos e orfanatos. Além disso, padre José dissera que viriam irmãs que tiveram problemas com a ordem religiosa à qual pertenciam.

Alana, a filha da senhora do bosque, quis ser freira. E ficou decidido que quando as irmãs de caridade chegassem, ela seria aceita como noviça. Silas conversou com ela.

– Seja sempre boa e justa, Alana. Primeiramente, você deve seguir a Deus, depois as normas da Igreja. Ser bom é obrigação de todos os cristãos.

Silas estava sentindo muitas dores, estava fraco, com muita falta de ar. Acordou à noite passando mal e sentiu que ia morrer. Fez uma oração muito bonita e conversou com Deus:

– Pai, eu O amo muito, meu Criador e Senhor! Sempre orei pedindo, para um, para outro e o Senhor me atendeu. Agradeci, talvez não o suficiente por tantos benefícios. Agora, Deus, peço por mim, gostaria tanto que me desse mais um tempo para ficar neste corpo físico, até deixar tudo arrumado para minhas crianças. Prometo não me queixar das dores, elas podem até ser mais fortes. Me deixe vivo um pouco mais! Por favor!

Gabriel e Eduardo estavam ao lado dele e a oração teve resposta. Os dois viram chegar três seres luminosos, espíritos benfeitores que os cumprimentaram acenando a cabeça. Aproximaram-se de Silas e o fizeram adormecer. Com agilidade, os três seres irradiaram luzes coloridas em tons claros para o perispírito e o corpo físico de Silas. Um deles concentrou os fluidos diretamente sobre o coração dele que, fortificado voltou a bater ritmadamente e a respiração se normalizou. Os três não falavam; minutos depois concluíram a tarefa que vieram fazer, novamente cumprimentaram Gabriel e Eduardo com acenos, sorriram e desapareceram, deixando Silas adormecido num sono reparador.

– *Gabriel, eu nunca tinha visto seres tão lindos e luminosos assim!* – exclamou Eduardo.

– *São espíritos moradores de uma colônia de estudo no plano superior, são estudiosos e conhecedores dos nossos corpos, o físico e o perispiritual* – informou Gabriel.

– *Eles são médicos? Ou foram quando estiveram encarnados?* – perguntou Eduardo.

– *Podem ter exercido a medicina quando estiveram encarnados, mas seus conhecimentos nesse campo progrediram muito pelos estudos que fizeram no plano espiritual.*

– *Eles vieram aqui atender às preces de Silas. Sempre achei que a desencarnação ocorresse quando findasse o nosso tempo no plano físico. Como foi possível essa prorrogação?* – curioso, Eduardo quis entender.

– *Tempo* – explicou Gabriel –, *o tempo é relativo! Numa encarnação planejada, é determinada mais ou menos a época em que se desencarnará. Disse mais ou menos, porque temos o nosso livre-arbítrio que pode modificar este prazo. Exemplo: uma pessoa planeja ficar no corpo físico sessenta anos, mas abusa, ingere excesso de alimentos, embriaga-se, intoxica-se com drogas, inala fumaças que danificam os pulmões... então adoece e morre expulsando seu espírito do veículo carnal antes do tempo previsto. Pode-se suicidar e retornar antecipadamente ao Além. Mas pode ocorrer de esse tempo ser modificado como vimos acontecer com Silas. Seu motivo foi considerado justo e seu prazo foi prorrogado.*

– *Será que ele sentirá mais dores?* – quis Eduardo saber, preocupado com o amigo encarnado.

– *Acho que serão amenizadas. Esses três benfeitores receberam a tarefa de vir aqui ajudá-lo. E pelo que vimos e da maneira tranqüila que Silas dorme, eles amenizaram sua enfermidade por um determinado período.*

– *Estou encantando com tudo isso!*

Gabriel sorriu concordando.

Silas acordou disposto no outro dia. "Como dormi!", pensou. "Que gostoso dormir a noite toda! Estou me sentindo bem! Vou aproveitar para trabalhar! Antes vou agradecer a Deus." Orou, levantou-se e foi verificar as obras. Deu ordens, pediu agilidade, conversou com os empregados, andou pela fazenda, agora um pequeno sítio.

À tarde, Silas recebeu uma carta do seu tio Josefo. Pediu ao mensageiro para esperar pela resposta, entrou no escritório e a leu. Seu tio escreveu um bilhete dizendo que teve conhecimento de que João doara toda a sua fortuna para a Igreja e queria saber se o sobrinho sabia se ele tinha destruído alguns documentos. Silas respondeu com outro bilhete, escrevendo somente: "Sim, destruímos tudo". Lacrou o envelope e deu para o mensageiro levar. Chamou Sara, entraram na saleta de sua mãe, pediu que ela o ajudasse, abriu o cofre e pegou o envelope.

– Sara, você mostrará à irmã superiora este esconderijo. Agora está vazio, não tem mais nada. Ela poderá usar se achar necessário.

A empregada aquiesceu com a cabeça. Silas foi para a cozinha e, folha por folha, foi colocando no fogo do fogão e queimou tudo.

"É melhor que estes documentos sejam destruídos. Tio Josefo com certeza contará ao tio Bento. Eles terão dúvidas se esses papéis foram ou não destruídos. Merecem conviver com a dúvida!"

Alguns animais foram para a chácara, levados por dois empregados que tinham de mudar da fazenda; foram também Bernadete com os outros meninos. Os móveis doados pela Igreja chegaram. A casa das freiras, o convento, ficou pronta, já a capela ia demorar mais uns três meses. O dinheiro de Silas acabou e padre José fez campanhas e recebeu doações.

– Silas – informou padre José –, vou ficar aqui esta noite, dormirei na saleta; amanhã as irmãs chegarão.

– E eu vou embora depois de amanhã bem cedo – afirmou Silas.

Padre José foi ajudar a colocar os móveis e Silas chamou as meninas, beijou as pequenas e deu conselhos a cada uma delas em particular, tal como: "Seja obediente!", e também o contrário para algumas, "Não obedeça tanto, você é livre! Etc.".

Abraçou a todas.

– Esta é a nossa despedida! – exclamou ele emocionado. – Depois de amanhã partirei para a chácara, direi somente adeus, porque esta é realmente minha despedida.

No outro dia, foi ao açude, sentou-se num banco e olhou as águas, a casa. "Quando era pequeno" – pensou – "olhava essa paisagem e sentia falta de um lugar parecido. Aqui era o meu castelo dos sonhos! Acho que logo verei o meu castelo de verdade. Despeço-me também deste local. Adeus!"

Sentiu um aperto no peito e não conseguiu evitar que lágrimas escorressem fartas pelo rosto.

As freiras chegaram, Silas educadamente as recebeu dando as boas-vindas. Elas estavam cansadas da longa viagem, mas entusiasmadas foram conhecer o lugar. Silas gostou de duas delas e aproveitou que estavam no jardim olhando encantadas os canteiros de flores, aproximou-se e pediu:

– Senhoras, por favor, sejam mães para essas meninas. Sejam a mãe que gostariam de ter.

As duas sorriram concordando com a cabeça. Logo que anoiteceu, todos se recolheram e Silas orou agradecendo aquele lar que o acolhera.

"Não devo ser apegado, estamos sempre mudando. Vivi aqui por muitos anos, toda a minha vida e, se tivesse morrido, teria de ir embora para o Além. Estou indo para a chácara, mas somente por um determinado tempo."

Acordou bem cedo, levantou-se e Juvêncio, como combinado, estava esperando-o com a carruagem pronta.

– Vamos, Juvêncio!

Acomodou-se no veículo e o empregado dirigiu-se à porteira. Silas sentiu inquietação, olhou tudo despedindo-se, orou para Deus rogando que não desamparasse aquele lar. Com os móveis veio uma placa que foi colocada na porteira: "Orfanato Feminino Nossa Senhora da Conceição". Nunca quis que seu lar fosse chamado de orfanato, mas não teve como evitar. Ele seria agora denominado orfanato feminino.

– Menino Silas – disse Juvêncio –, a carruagem ficou para este orfanato, levarei você e voltarei ainda hoje. Você entendeu por que eu quis ficar aqui, não é? Lá eles terão Maria, Lúcio e você, aqui elas terão a mim para interferir se necessário.

– Juvêncio – respondeu Silas –, entendi e fiquei mais tranqüilo com sua decisão. Mas aja com cautela, porque as freiras poderão mandá-lo embora. Agora você é um empregado.

Fizeram a viagem em silêncio. Silas estava muito triste, sentia-se desconfortável com a viagem e com muitas dores. Foi um alívio chegar e descer da carruagem. As crianças e Maria foram contentes abraçá-lo. Gostou da construção, mas na entrada viu a placa informando: "Orfanato Masculino São José". Juvêncio cumprimentou todos, tomou café e disse que teria de retornar. Silas despediu-se dele:

– Juvêncio, meu amigo, quero agradecer-lhe por tudo, pelo seu silêncio, por ter nos ajudado.

– Menino Silas, valeu a pena! Tudo valeu muito a pena! Não me arrependo, como achei certo o que fizemos. Como é bom dizer isto: não me arrependo, porque fiz o certo! Eu é que lhe agradeço!

Juvêncio enxugou as lágrimas e partiu. Silas entrou na casa.

– Aqui é o quarto do Paidinho! – mostrou Lúcio. – O senhor quer conhecer os demais cômodos da casa?

– Amanhã, Lúcio, agora vou descansar.

No outro dia Silas conheceu toda a casa que, de fato, estava bem parecida com a que ele desenhara, planejara.

– Silas – informou Maria –, falta ainda fazer muitas coisas. Vamos construir aos poucos.

– Você está contente aqui, Maria? – quis Silas saber.

– Gostaria que não tivesse mudado, mas nada dura para sempre. Diante dos acontecimentos, tenho certeza de que fizemos o melhor. Sinto falta das meninas, mas estou bem aqui.

– Maria, minha doce e querida Maria! São incontáveis os favores que me fez. Obrigado! Deus lhe pague! Palavras são pouco para agradecer-lhe! – exclamou Silas emocionado.

– Silas, meu Silas! – Maria também se comoveu. – Sou eu que tenho de lhe agradecer. Não me lembro de ter feito nada a você para que seja grato assim. Mas me lembro bem de tudo o que me fez. Deu-me um lar digno, tratou-me como alguém de sua família, nunca me repreendeu, sempre foi carinhoso comigo e...

– Acho, Maria, que aprendemos muito nesta convivência. Somos gratos! É bom lembrar o que recebemos de bom e não o que fazemos. Ser bom é obrigação de todos nós, seres humanos. Maria, quero lhe pedir mais um favor: se acontecer algo comigo, se eu morrer, você ficará aqui com Lúcio tomando conta de tudo.

Maria o olhou e respondeu:

– Se é para ficar tranqüilo, eu prometo que fico. Depois, não tenho para onde ir mesmo. Mas vamos parar com essa conversa séria. Venha conhecer os nossos mais novos moradores. São dois meninos lindos! Foram deixados na nossa porta.

Silas os conheceu; agradou o garotinho de seis anos, que estava muito assustado.

– Meu pai disse que volta para nos buscar. Mamãe foi morar no céu – falou o menino.

– Enquanto seu pai não vem, você e seu irmãozinho ficarão conosco. Nós já amamos vocês. Aqui poderão brincar, dormirão em camas novas, vamos ensiná-los a ler e a escrever. Você gosta de doce? Então venha comer!

Silas pensou: "Quantas dores existem neste mundo! Crianças são fáceis de contentar. Não deveríamos, quando adultos, perder essa facilidade de nos entreter. Com certeza, o pai não tem intenção de vir buscá-los, senão teria conversado conosco explicando que os estava deixando por determinado tempo. A mãe morreu e o pai, certamente, por não ter como criá-los, deixou-os aqui".

Padre José foi visitá-los.

– Silas, deixei tudo acertado na fazenda. O senhor Henrique prometeu que vai supervisionar as obras da capela e as irmãs gostaram do lugar. Todas ficaram bem acomodadas e as meninas, embora sentindo falta dos amiguinhos, de Maria e sua, estão bem.

– Agradeço-lhe, padre José, o senhor nos ajudou bastante.

– Silas, fiz minha obrigação. Tenho dois filhos aqui – suspirou e sorriu. – Tenho uma boa notícia: o bispo me autorizou a ficar com todo o dinheiro que a Igreja arrecada na região e dividir entre os dois orfanatos. E umas senhoras da cidade vão fazer uma festa para arrecadarmos dinheiro para o término das reformas. Tudo deu certo!

– Sim, tudo deu certo! – exclamou Silas aliviado.

Naquela noite, Silas fez suas orações e conversou com Deus. "Desde aquela noite que achei que fosse morrer e orei pedindo ao Senhor mais um tempo, me senti melhor. Fiz o que precisava, agora posso morrer. Deus, se quiser me levar, estou pronto!"

No dia seguinte, conversou com Lúcio:

– Você ficou triste por ter vindo para cá ou é por Marinês?

– O Paidinho sabe que eu a amo?

– Desconfiei – respondeu Silas.

– Marinês não me quer – lamentou Lúcio. – Ela foi clara em me dizer isso. Acho que não me quis por eu ser doente. Sou feio com essas cicatrizes. O Paidinho acha mesmo que as feridas não voltarão?

– Não posso afirmar o que não sei. Mas, desde que você se dedicou a ensinar as crianças e a me ajudar, não tem mais dores. Acho, Lúcio, que existem trocas, não sei explicar direito, mas ao fazer o bem ao próximo fazemos a nós.

– Pode ser, porém estou triste por ter sido desprezado, dói muito – queixou-se Lúcio.

– Compreendo-o – falou Silas. – Posso lhe afirmar com convicção que dor de amor passa... Você a esquecerá, o tempo cura todos os males de amor. Mas vim procurá-lo porque quero conversar com você. Este lar, como o outro da fazenda, é agora propriedade da Igreja. Lá, as freiras tomarão conta; aqui, Maria, você e eu. Sim, Lúcio, você! Vou lhe pedir um favor, mas não quero que prometa.

– Posso prometer, sim, Paidinho. O que o senhor quer que eu faça?

– Gostaria que ajudasse Maria, se por algum motivo eu tiver de me afastar deste local.

– O senhor está pensando em viajar? – perguntou Lúcio admirado.

– Viajar? Talvez... Lúcio – tentou Silas explicar –, nós nos ausentamos por tantos motivos, veja o caso de papai... Quero somente lhe pedir que auxilie Maria.

– Por que não quer que prometa?

– Quando prometemos, queremos cumprir. No momento que fazemos a promessa, temos certeza de que será possível, mas tudo muda com o tempo. Você é jovem e seus interesses podem se modificar. Não quero que fique preso a uma palavra empenhada. Ficarei contente se você ajudar Maria. E se amanhã ou daqui alguns anos quiser ir embora, vá, Lúcio, sabendo que eu onde estiver aprovo e quero que seja feliz.

– Vou ficar aqui com Maria e cuidar das crianças e não será nenhum sacrifício. Estou ensinando nossos meninos e aqui vêm para terem aulas meninos e meninas da cidade também. E os pais têm nos pagado com aves, frutas e verduras. Também fui contratado por um senhor rico para dar aulas a seus filhos e sobrinhos. Estou indo à casa dele três vezes por semana. Acho, Paidinho, que serei como o senhor, um solteirão com muitos filhos.

Riram.

"Posso agora morrer! Não farei tanta falta!", pensou Silas. "Achei que morreria naquela noite em que me senti mal, mas acabei melhorando. Não vou mais pensar neste assunto e vou trabalhar."

E trabalho não faltava, Silas passou a conversar com os meninos, verificava as reformas, dava aulas e fazia a contabilidade. Organizou os horários dos garotos para estudar, fazer tarefas como trabalhar na horta, cuidar dos animais e da carpintaria, onde faziam diversas peças de madeira, que eram vendidas. Escrevia às meninas e elas respondiam, queixando-se de saudade e do horário rígido, mas afirmavam que estavam bem.

Anselmo arrumou emprego numa loja, local onde se vendia de tudo. Falante, esforçado, conquistou os fregueses. Era exemplo: mesmo deficiente, subia rápido nas cadeiras, pegava objetos nas prateleiras e estava sempre sorrindo.

Padre José fez as festas e todos contribuíram para o término das reformas. Silas estava entusiasmado, as dores estavam suportáveis, sentia-se feliz e desencarnou numa madrugada, na véspera de completar trinta e cinco anos. Acordou quando o dia começava a clarear e pensou em sua vida. Cenas vieram rápidas: "Que bom, meu Deus, que não fiz mal a ninguém!", pensou. Lembranças de momentos alegres o fizeram sorrir, emocionou-se com outros e entristeceu-se com alguns. De repente, dormiu. Seu espírito foi desligado do corpo físico morto por dois socorristas e entregue a Gabriel, que volitou com ele para uma colônia.

Maria encontrou o corpo de Silas horas depois, quando foi chamá-lo, porque demorava a levantar, com expressão tranqüila e um leve sorriso. Ele viveu com simplicidade, não freqüentava festas, não saía de casa, porém era admirado e ao seu velório e enterro foram muitas pessoas. Padre José celebrou uma missa de corpo presente, orou com fervor para aquela alma admirável. Nos lares-abrigos, todos se entristeceram, sentiram-se mais órfãos mas não choraram, e oraram muito.

CAPÍTULO TREZE

PROVAS

– *SENHOR SILAS, POR FAVOR, SERÁ QUE PODERIA VIR por um instante à sala treze* – falou um rapaz que abriu a porta e esperou pela resposta.

Silas virou-se para mim e pediu:

– *Antônio Carlos, você me dá licença? Voltarei logo.*

– *Ficarei esperando o tempo que for necessário* – respondi.

Ele saiu da sala, estávamos no seu gabinete, uma sala confortável e simples. Visitei-o naquele mês por diversas vezes e, prazerosamente, escutara sua história. Conheci Silas quando Mary e eu estávamos envolvidos numa tarefa cujo relato resultou no livro A *gruta das orquídeas*[4]. Visitávamos uma colônia, um educandário para saber de Marcelo e Rodolfo, dois garotos

4. Do Espírito Antônio Carlos, psicografado pela médium Vera Marinzeck de Carvalho, foi publicado pela Petit Editora em 2007. (Nota do Editor)

que tinham sido assassinados. Silas, diretor-orientador, nos atendeu e esclareceu tudo o que queríamos saber e gentilmente convidou-nos a visitá-lo. E eu, curioso, aceitei. Ávido por relatos interessantes, estou sempre atento a histórias de vida que podem resultar em uma boa dissertação. Recordo que, ao voltar ao educandário, fui recebido carinhosamente e, quando indaguei se ele não queria me contar sua vida, respondeu: "Acho que não tem nada de interessante em minha vida, tudo foi muito simples". "A beleza está na simplicidade", afirmei e pedi: "Por que você não me narra sua vida?". "Posso até lhe contar e, se você, Antônio Carlos, fizer do meu relato uma obra literária é porque faz mesmo jus à denominação de 'contador de histórias'." Rimos. E Silas me contou. Este era o nosso último encontro. Levantei e observei sua saleta particular. Tinha visto em sua escrivaninha um porta-retrato. Curioso, olhei e reconheci na fotografia, pelo seu relato, que era a de sua roupagem física. Estava olhando quando Silas voltou. Desculpei-me:

– *Por favor, desculpe-me a intromissão!*

– *Fui eu que lhe pedi para ficar à vontade* – sorriu e explicou: – *Eu plasmei esta foto da minha última vestimenta do físico e a coloquei aqui. Gosto de vê-la. Quando desencarnei, pensei em continuar com a aparência que tive, mas aconselharam-me a ficar como estou agora. Concluí que não devemos nos importar com nossa aparência externa. Como era, teria de dar muitas explicações aqui no plano espiritual por aparentar essas diferenças. Meu perispírito era sadio e me senti modificado assim que acordei na espiritualidade. Meu corpo perispiritual não era deficiente e, me sentindo sadio, fiquei assim!*

– E você está muito bem! Silas, posso lhe fazer algumas perguntas para encerrar minha entrevista? – indaguei-lhe e, como ele concordou prontamente, continuei: *– Você foi desligado, Gabriel o trouxe para cá e o que aconteceu?*

– Acordei disposto, sem dores e modificado. Foi muito prazeroso encontrar-me com amigos, com pessoas que conhecia e outras, como os pais das crianças. Foi um alívio entender certos assuntos, sobre os quais, por ter tido conhecimento anterior, tinha encarnado com uma vaga lembrança. É bom ter explicações com entendimento do porquê das deficiências, de haver órfãos, de pais que amavam os filhos e morriam deixando-os pequenos. Suspirei aliviado quando recordei a lei da reencarnação. "Como Deus é bom!", *exclamei feliz. Mas não foi uma simples exclamação, foi um ato de amor compreendido. Que bom achar que Deus é justo e entender seus atributos. Eu quis trabalhar de imediato. Gabriel me convenceu que era melhor eu conhecer ou rever o plano espiritual. Dias depois fui estudar e estudo até hoje. É uma dádiva aprender, como também me é gratificante continuar cuidando de crianças.*

– Você está aqui neste educandário há pouco tempo; me informaram que você o está reorganizando – falei.

– É verdade. Atualmente, trabalho ajudando as colônias a terem um local próprio para aqueles que desencarnam na fase infantil, e venho, quando solicitado, reorganizar esses locais.

– E o que aconteceu com as outras pessoas que estiveram junto de você na última encarnação? – perguntei curioso.

– Conheci Gabriel quando estava na espiritualidade antes de encarnar como Silas. Ele foi meu orientador e amigo, prometeu

me auxiliar e cumpriu sua promessa. Gabriel reencarnou e desencarnou tendo cumprido o que se propôs a cumprir e mora numa colônia onde continua sua tarefa de ensinar. Nós nos vemos sempre que possível. Eduardo também já encarnou, desencarnou e atualmente está reencarnado; exerce a profissão de médico e é um profissional admirável. Conhecedor da Doutrina Espírita, quer provar pela ciência a reencarnação. Meus familiares, meu pai João, mãe Violeta, meus irmãos, atualmente estão no plano físico. Isaías ficou muito tempo na espiritualidade, aprendeu muito, reencarnou e está para voltar ao plano espiritual cumprindo o que planejou. Maria desencarnou muito velhinha e agora cuida de um educandário com muita dedicação. Os orfanatos, meus lares-abrigos, existem até hoje e foram muitas vezes modificados. E como houve histórias de vida neles! Lúcio, junto de Maria, ficou na chácara. Ele foi realmente um inquisidor na sua existência anterior e reparou seus erros. Atualmente, faz parte de uma equipe de socorristas que auxilia necessitados no umbral.

Silas fez uma pausa verificando se não faltava ninguém e lembrou:

– Anselmo! O garoto que foi ferido por engano. Quando desencarnei, ele estava trabalhando num armazém e logo depois casou-se com a filha do proprietário. Trabalhador e muito simpático, tornou-se um rico comerciante. Mas não se esqueceu dos amigos, auxiliou muitos deles arrumando emprego, visitava sempre Lúcio e Maria e os ajudou. Quando ele desencarnou, fui visitá-lo. Ele me recebeu com muita alegria e logo quis saber se existiam motivos por ter ficado paralítico. E, como sempre, para tudo há explicações.

Anselmo, em sua encarnação anterior, fora um comandante que numa guerra abusou do poder. Por não querer levar doze prisioneiros quando retornava à sua cidade, quebrou suas pernas e deixou-os no campo de batalha; eles não morreram mas ficaram deficientes. Sentiu muito remorso por essa ação maldosa, quis retornar ao plano físico, nascer sadio e ficar paralítico e assim foi. No momento, está há três anos num corpo carnal.

– Quase todos os que participaram de sua narrativa já voltaram a reencarnar e você não. Tem planos para isso? – perguntei curioso.

– Meu plano – respondeu Silas sorrindo – *é por alguns anos ainda continuar com meu trabalho aqui na espiritualidade. Não penso por enquanto em voltar à matéria densa.*

– Silas, o que aconteceu anteriormente para você ter tido essa experiência de vida? – eu quis saber. – *Você foi deficiente e sentiu muitas dores. Entendi que não foi por débito. Estou certo?*

Silas sorriu, acho que pensou "Mas que sujeito curioso!" Achei, porque não tenho como ler pensamentos de um espírito como ele, somente o faria se permitisse. E se faço isso algumas vezes é somente para ajudar. Educadamente meu narrador respondeu:

– Quando queremos melhorar, progredir e, se agirmos dentro dos ensinamentos de Jesus, amar ao próximo como a si mesmo e fazer ao outro o que gostaríamos que nos fizessem, chegaremos a um patamar em que não deveremos mais nada: pagamos nossos débitos pela reação ou pelo trabalho edificante no bem. Nosso planeta é de provas e expiações. Certamente existiram motivos para Kardec, ao

codificar a Doutrina Espírita, colocar provas antes de expiações. Provas? Provar algo a si mesmo? Meditei muito nisso antes de reencarnar. Seria possível sofrimento-crédito e o que seria isso? Você deve estar estranhando eu ter dito que meditei sobre os ensinamentos de Kardec, que reencarnou somente anos depois, e deu os nomes devidos aos fenômenos que sempre existiram. Mas lembro-o de que tudo o que o mestre francês escreveu já estava planejado aqui na espiritualidade e que nós, que estávamos desencarnados e morávamos nas colônias naquela época, já tínhamos acesso a isso.

Silas fez uma pausa e eu, atento e muito interessado, acompanhava palavra por palavra o que ele dizia. Continuou:

– Na minha trajetória reencarnatória, errei mas também tive acertos e, nas minhas duas existências anteriores a essa que lhe narrei, compreendi a necessidade de fazer o bem, de servir e ser útil, abandonando o vício de querer ser servido. Nessas duas, encontrei-me com Pérola, casamos, vivemos bem e tivemos filhos. E, preocupado com crianças, adotei órfãos e cuidei deles, e ela, Pérola, me auxiliou. Na penúltima, vivemos um período difícil, em que temíamos a Inquisição. Ajudei muitos órfãos de pais vitimados pelo Santo Ofício. Tive nessa encarnação uma mãe muito bonita, éramos ricos e fui filho único. Então minha mãe acidentou-se: caiu do cavalo quando cavalgava, quebrando a perna direita em dois lugares e teve um ferimento profundo na face. Ficou com uma perna mais curta, com uma cicatriz enorme no rosto e caminhava com dificuldade.. Nunca mais saiu de casa, isolou-se, tornou-se amarga e insuportável. Maltratava os criados e, mesmo eu os pagando bem, não paravam em casa. Foi muito difícil cuidar dela.

Morávamos perto e eu me queixava para minha esposa: "Que adianta eu ser bom e ajudar tantos órfãos se não consigo tolerar minha mãe?". Pérola me consolava: "Os outros que auxiliamos querem receber, sua mãe não quer!". Eu queria muito que ela agisse de forma diferente e, com carinho, aconselhava-a: "Mãezinha, a senhora precisa ser tolerante, maltrata os empregados que não têm nada a ver com o que aconteceu". "Você, meu filho, está sempre me criticando! Meu marido me trata com indiferença, deve ter muitas amantes. É fácil para você fazer o que faz, ser gentil, é bonito, sadio e não tem deficiência. Queria ver se você fosse feio e aleijado se agiria como quer que eu aja". E essa conversa se repetia muitas vezes. A mágoa de mamãe foi tão grande que ela fez uma denúncia à Igreja, afirmou que meu pai era herege. Ele, ao ser preso, reagiu e foi assassinado. Meu pai tinha de fato muitas amantes, não suportava a convivência com minha mãe, mas não era herege. Minha esposa e eu tivemos medo e saímos do país, fugidos com nossos filhos, cinco legítimos e oito adotados. Fomos para um local isolado que o irmão dela tinha lhe deixado de herança. Mamãe não quis ir conosco, disse que, sendo ela a delatora, a Igreja não iria lhe fazer nada. Mas fez: confiscou tudo o que tínhamos e ela foi para um asilo. Foi decretada minha prisão e não tive como voltar para buscá-la. É, sempre assim, quando queremos prejudicar alguém, acabamos prejudicados. Com raiva por ter sido traída, ela caluniou, ficou viúva e eu, seu único filho, tive de fugir. Ao ficar pobre, percebeu então a diferença dos dois modos de viver. Antes era a senhora, rica, tinha suas ordens e desejos realizados e, depois, vivia de favores, ninguém tolerava suas implicâncias e más-criações. Mamãe sofreu muito, foi esquecida e maltratada, desencarnou, ficou vagando, sendo perseguida por duas desencarnadas que, por terem sido amantes do meu pai, também foram acusadas de hereges por mamãe. Elas foram presas, torturadas, assassinadas e vingaram-se com ódio. Muito tempo depois, desencarnei acompanhado de muitas boas ações; fui socorrido e orientado. Pude visitá-la meses depois que mamãe foi socorrida. "Estou vivendo agora no céu depois de tudo que passei", afirmou ela. "Arrependi-me por ter maltratado os empregados, de ter caluniado meu marido, acusado suas amantes". "De não ter feito o bem que poderia ter feito...", completei. "Não, meu filho, eu não podia ter feito o bem sendo feia e aleijada." "Mas antes não era", rebati. Mamãe suspirou se defendendo: "Era jovem!" Afirmei: "Isso não é desculpa. Podemos fazer o bem em todos os momentos de nossa vida". "Você sempre me criticando! Como gostaria de vê-lo feio e doente para ter certeza de que não ia se revoltar e que seria bonzinho". Esse fato passou a me incomodar. Mamãe melhorava, incentivei-a a estudar e ela seguiu seu caminho. De fato, nós somente podemos afirmar algo com convicção ao enfrentá-lo e nos sairmos bem. Isso é prova! Saber decorado e até entender a questão é teoria, mas colocá-la em prática... Pensei muito e concluí que sofremos por diversas questões. No Evangelho, *"Os dois discípulos de Emaús", Jesus afirmou: "Porventura não era necessário que o Cristo sofresse tais coisas e que assim entrasse na sua glória?"*[5] *Essa "glória" o levou a uma perfeição maior.*

5. Lucas, 24: 26. (N.A.E.)

Silas fez uma pausa e, por instantes, ficou pensativo e continuou, concluindo seu raciocínio:

– *Nosso Irmão Maior, o grande Mestre Nazareno, veio nos ensinar, e sua morte consolidou esses ensinamentos. Foi um sofrimento por escolha, fez parte de sua tarefa. E por amor se sofre e que maravilhosa prova de bem-querer! Não padecemos no lugar do outro, mas junto. Conheço mães, pais, que amam determinados espíritos e estes por algum motivo têm de ficar reencarnados por um período curto e, mesmo sabendo que sofrerão com a separação, os querem perto de si. Outros serão doentes, deficientes, mas os pais os aceitam para tentar suavizar suas dores e acabam sofrendo também. Esse modo de padecer envolve apenas uma pequena porcentagem, porque a maioria sofre pelas reações a ações indevidas. Outros renunciam a muitas coisas, como ficar no plano espiritual e, às vezes, são levados para reencarnar junto de afetos para ajudá-los a progredir ou para amenizar suas dores, ou, até mesmo, para tentar impedir que continuem errando. A dor, o sofrimento, é uma forma de ensinar, quando se recusa a aprender pelo amor. E a dor é persistente, nos harmoniza onde o erro desarmonizou. É o padecimento da reação a atos indevidos. E, pela prova, pode-se sofrer.*

Silas fez uma outra pausa, levantou-se, deu alguns passos e voltou a falar:

– *Conheço um espírito que fazia lindíssimas palestras sobre o perdão. Na teoria, sabia tudo e quis passar pela prova, afirmar a si mesmo que era capaz de perdoar. E passou, e para ter de perdoar, teve de receber uma ofensa grave, que machucou seus sentimentos. Esclareço que a pessoa que o ofendeu não reencarnou para fazer essa ofensa. Esse meu amigo voltou ao plano físico entre pessoas que, pelos seus níveis evolutivos, poderiam ainda praticar maldades. E, além de perdoar, ele compreendeu e amou seus agressores. Atualmente, continua a falar do perdão em suas palestras, que ficaram mais bonitas. Quem ama não precisa pedir perdão nem perdoar, porque não ofende nem se sente ofendido.*

Suspirei encantado com seus dizeres. Vendo-me atento, continuou:

– De fato, estava aprendendo a ser útil, mas até então fora fácil, era sadio, nascera em lares estruturados. Mas, se fosse feio, doente, se sentisse dor, iria fazer o bem? Indaguei-me muito e resolvi passar pela prova para me realizar. Pérola afirmou que reencarnaria depois de alguns anos por perto para nos reencontrarmos e ficarmos juntos novamente. E assim foi...

– Ela não quis ficar com você – falei.

– É verdade. Pérola se deixou iludir e preferiu outro, mas isso foi bom, pois me desapeguei desse espírito para amar com mais intensidade a todos. Ela já reencarnou com seu antigo marido, casaram e viveram juntos por muitos anos e estão bem. Meses depois que desencarnei, Pérola me visitou e me agradeceu. Eu já tinha recordado nosso passado, mas ela não, porque não tinha estrutura para isso, pois ainda sentia a separação dos filhos. Tornamo-nos amigos e é isso o que quero ser para todos: amigo.

– Quero fazer parte desse seu rol de amizades – pedi.

Ele sorriu. Compreendi contente que me aceitou e falou:

– Quando fui reencarnar, escolhi, no departamento reencarnatório, um casal, para pais, dos quais eu ficaria órfão. Nasci um

estranho no ninho. Violeta gostava de mim, mas se envergonhava por eu ser feio e deficiente. João me amou. Estava previsto desencarnarem jovens e com os filhos. Todos, por algum motivo, teriam de aprender a dar valor ao período em que estiveram encarnados. Abandonaram o físico quando, entusiasmados, queriam viver no corpo carnal por muitos anos. Comecei a ser útil na primavera da vida, ainda bem que não deixei para depois porque somente tive o verão. Muitas pessoas adiam sempre as tarefas do bem para o futuro e este é tão incerto! Felizes os que servem na mocidade, na fase adulta, no outono, e com experiência são mais úteis no inverno, na velhice. Quando passei a suavizar dores, tive as minhas amenizadas, e um dos motivos foi a falta de tempo para senti-las, não lhes dei mais importância do que o necessário. Somente somos realmente felizes quando fazemos a felicidade do próximo. Há mais alegria em dar do que em receber. E quem dá é rico espiritualmente e quem recebe é um necessitado e muitas vezes egoísta.

– *Sofrimento-crédito!* – exclamou Silas depois de ter interrompido sua narrativa por instantes. – *Alguns espíritos estudiosos falam desse sofrimento. Concluí que quando passamos por uma prova e saímos aprovados, consolidamos os conhecimentos, que são tesouros valiosos. E o aprendizado não é um crédito?*

– *Acho que sim, crédito para ter maior espiritualidade, compreensão e para amar* – respondi.

– *Concordo* – falou Silas. – *Quando sabemos, conhecemos a verdade, somos libertos; conhecimentos no bem harmonizam-nos onde quer que estejamos. E quando, pela prova, pelo sofrimento aprendemos a amar mais e verdadeiramente, que crédito maravilhoso teremos para o futuro! Não crédito de facilidades, mas de oportunidades!*

Silas levantou-se, compreendi que deu por encerrado seu relato. Eu estava emocionado.

– *Obrigado, Silas. Agradeço-lhe não somente pela narrativa mas também pelo exemplo que me deu. O amor usa dos bons exemplos para nos impulsionar para o progresso.*

Despedimo-nos, com um abraço.

FIM

Ao terminar a leitura deste livro, talvez você tenha ficado com algumas dúvidas e perguntas a fazer, o que é um bom sinal. Sinal de que está em busca de explicações para a vida. Todas as respostas que você precisa estão nas Obras Básicas de Allan Kardec.

Se você gostou deste livro, o que acha de fazer com que outras pessoas venham a conhecê-lo também? Poderia comentá-lo com aquelas do seu relacionamento, dar de presente a alguém que talvez esteja precisando ou até mesmo emprestar àquele que não tem condições de comprá-lo. O importante é a divulgação da boa leitura, principalmente a da literatura espírita. Entre nessa corrente!

O QUE ELES PERDERAM

Vera Lúcia Marinzeck de Carvalho
ditado por Antônio Carlos

Romance | 16x23 cm | 256 páginas

— Meu Deus! Ajude-me a não perder nada! — rogou Clara.
A aprendiz Clara rogou com sinceridade e de coração no final de um trabalho em que uma equipe de trabalhadores desencarnados, para um estudo, participou de alguns casos em que os envolvidos estavam unidos numa trama obsessiva.
Com riqueza de detalhes, Antônio Carlos, um excelente contador de histórias, transformou em livro alguns relatos de casos que auxiliaram. O que pensam e sentem aqueles que querem se vingar? O obsessor? Tem ele justificativas? Infelizmente, as desculpas não são aceitas. E o obsediado? A vítima naquele momento. Será que é só uma questão de contexto?
Esta leitura ora nos leva a sentir as emoções do obsessor ora as dores do obsediado.
São sete dramas. Que dramas! E os motivos? Paixões não resolvidas, assassinatos, disputas, rivalidades, a não aceitação da desencarnação de alguém que se ama etc.
Por um tempo, ambos, obsessor e obsediado, estiveram unidos. E o que eles perderam? Para saber, terão de ler esta preciosa obra.

petit® editora

boanova@boanova.net | www.boanova.net | 17 3531.4444

editora

Av. Porto Ferreira, 1031 - Parque Iracema
CEP 15809-020 - Catanduva-SP

www.**petit**.com.br | www.**boanova**.net
petit@petit.com.br | boanova@boanova.net

17 3531.4444
17 99777.7413
@boanovaed
boanovaed
boanovaeditora